対象関係論に学ぶ
心理療法入門
こころを使った日常臨床のために

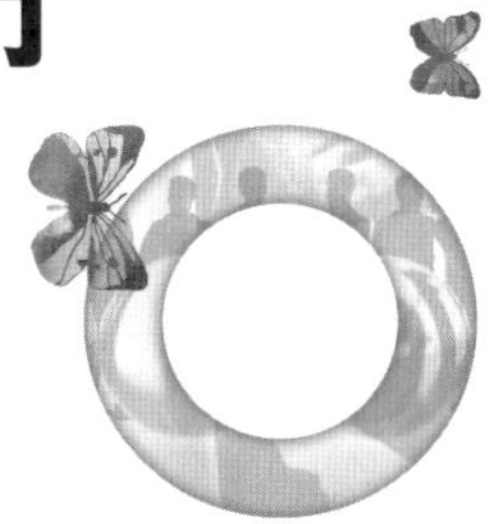

祖父江典人
Sobue Norihito

誠信書房

目次

序章

こころを使った日常臨床の意義

1　日常臨床を掲げる理由

本書の主旨は、副題にお示ししているように、臨床現場で日常的な臨床活動を営んでいる、一般的な臨床家に向けて書かれているところにあります。想定される読者の多くは臨床心理士の方たちを念頭においていますが、精神科医や他の援助職の方々にもお役に立てるところがあればと願っています。

さて、日常的な臨床活動としてイメージされることとしては、今日の臨床心理士の働き方を思い浮かべていただければ容易に察しがつくところかと思われます。臨床心理士の仕事は、その個人が置かれた現場によって、さまざまに左右されます。今では、心理療法も毎週五十分どころか、隔週三十分単位で課せられるクリニックが出てきたり、デイケアやグループワークなど、個人心理療法に限らずにさまざまな仕事に携わることが増えてきたりしています。ここには医療経済の問題や効率を求める時代背景が強く影響しており、抗うことのできない時代の波として否応もなく押し寄せています。さらに、臨床心理士の仕事はスクールカウンセラー等の教育現場、行政、福祉領域など、さまざまに広がり、仕事の内容や方法も多様化してきております。

精神科医とて、多かれ少なかれ、似たような情況が生まれているかもしれません。効率を求められ、五十分の個人面接など取りようもないという嘆きが、志のある精神科医の声として漏れ伝わってくることもあります。精神科医にとっても、精神分析的な治療構造を確保した面接を行うことは、難しい時代に突入してきたようです。

福祉分野においても同様でしょう。アウトリーチ型の援助が盛んになり、時間や面接回数の設定といった治療構造の話などは、遠い世界の他人事に聞こえることでしょう。

私は何も、今日のこれら臨床情況を一概によし、と考えているわけではありません。ただ、時代のうねりとしてそれらの情況が現に生まれている以上、その中で私たち精神分析的な心理療法を志向する者が、どのように自分自身のやりがいを見出し、援助を求めるひとたちに寄与できるのか、と考える方が生産的ではないかと思っているわけです。

私自身は、今でも個人面接を中心に臨床活動を行っていますが、対象とするクライエントに関しては、昔に比べ、いわゆるサイコロジカル・マインデッドネスを有するひとたちの数は減ってきているように感じています。これも時代の波かもしれません。大人の発達障害、症状の除去や対人困難の解決策のアドバイスを求めるひとたち、何にせよ短期に良くなることを具体的に求めるひとたちなど、いわゆる精神分析的心理療法に乗りにくいひとたちが増えてきているように思います。ですから、これらのクライエントは、従来でしたら、内省的な心理療法に導入されないひとたちかもしれません。

ですが、特に医療の中で働く臨床心理士にとっては、贅沢なことを言っていられない情況が昔からあります。基本的に自分で患者を選ぶことができず、医師から依頼されたケースに対して、何らかの心理的援助を提供することを求められます。自分で精神分析的心理療法に合いそうな人をチョイスし、心理療法に導入できるわけではないのです。今後、隔週の面接や三十分面接、さらには面接構造自体が保持されないような流動的な枠組みの面接も増えてくるかもしれません。さらには、従来心理療法の舞台には乗らなかったような面接動機の乏しいひとと、困り感のないひとたちにも、心理的援助を求められるでしょう。

このように、従来には見られなかった臨床情況がさまざまに生まれてきています。きっとこれからの若い臨床心理士は、そのような時代の荒波にさらに揉まれることでしょう。面接構造をしっかりと守り、精神分析的心理療法の適応になるクライエントを自ら選び仕事ができるのは、一部のエリート臨床家に限られてくるかもしれないのです。

しかし、それでも対象関係論の叡智や技法は、日常臨床に資するところが大だと思われます。その理由を次にご説明したいと思います。

2　こころを使った臨床としての対象関係論

対象関係論という技法を学ぶ中で、私自身が実感するその醍醐味は、こころを使って他者を理解しようとするところにあると思います。これは藤山直樹先生（二〇一二）などがよく言われることですけれども、他者を理解するために自らのこころを使うという、特殊な他者理解の手法を採るわけです。少し理論的な言い回しをすれば、クライエントから送られてくる無意識的メッセージを、セラピストが逆転移を利用してキャッチするという技法です。これは、普通ではなかなかお目にかからない他者理解の方法ですね。他者からのメタメッセージを自分のこころを使って掴まえてしまおうという、実にアクロバティックな技法ともいえます。そんなことがそもそもできるのか、という疑問が沸いても当然なのですが、これが人間関係の不思議なところで、そういうメタコミュニケーションは、人間関係においては成立しうるのですね。

もっともこうした逆転移の効用という考え方は、今日では比較的精神分析サークルに敷衍している見方ともいえますが、それを先頭切って使おうとするのが対象関係論ではないかと思われます。

簡単な臨床素材によって説明してみましょう。

この方は不安性障害で心理療法を紹介されてきた壮年期の女性でした。かなり内省的な方で面接は母子関係やそこから来る対人関係の問題に焦点が当たり、順調に自己理解は進んでいるように思われました。私自身も、内省的で分析的心理療法に適った方だなと意を強くしていました。ですが、その一方で、私はどこか面接が生きていないような、ぼんやりとした退屈感も覚えていたんですね。それは、私自身の身が入っていなかったり集中していなかったりなどの、自分側の要因かなと思って、私は面接中のおぼろげな退屈感を努めて打ち消そうとしていました。

その日もいつものように面接は順調に進み、クライエントは、自分が親から支配されてきた関係だったことを、淋しさと悔しさの入り混じったような口調で、よく内省されていました。ですが、その面接途中で、何かの拍子に、クライエントがこう言われたんですね。「いつも面接が終わって部屋を出て行くと、面接で話したことを忘れてしまって、こころが空っぽのように感じる」と。私は、「はっ」としました。「そうだったのか」と。面接の中で内省が進んでいるように感じていたんだけれども、クライエントは面接が終わると虚しくなっていたのか、と。ということは、面接はちっとも生きた面接になっていなかったのではないか。親に対するのと同じように、面接の中では優等生できれい事を並べていたんだな、と。私には実感とともにことの事情が腑に落ちました。私がぼんやりと感じていた退屈感は、単に私側の要因に拠るばかりでなく、私たちが面接場面で真に触れ合えていない事情をも伝えてきていたんですね。私は、「この面接でもあなたは親と同じように、私とどこか触れ合えないように感じていて、だから、面接が終わると虚しく感じていたのかもしれない」と解釈しました。

その後クライエントは、「一生懸命話してもどこかセラピストとも触れ合えないような感覚があること」、「だから、逆にますます一生懸命話そうとする優等生になっていたこと」を、実感とともに体験できるようになっていきました。

このようにセラピストは、クライエントから非言語的なメッセージをさまざまな形で受け取っているのです。それはぼんやりとした退屈感だったり、身体の緊張として捉えられる感覚だったり、苛立ちだったり、眠気等々です。それはセラピスト自身のパーソナリティ、体調や気分などから発生しているものかもしれませんが、案外とクライエントから非言語的に伝えられてきているメッセージであったりもします。ですから、私たちはクライエントの話に耳を傾けるとともに、私たち自身の内なる声、身体感覚、面接場面の空気感にも耳を澄ませ、体感する必要があるのです。

ここに対象関係論の技法の醍醐味があります。セラピスト自身が、自分のこころをモニターしながら、クライエントと関わることで、普通では訪れないこころの次元の触れ合いが起きるのです。

先の臨床例で言えば、このクライエントに実感されたのは、「実はセラピストと本当には触れ合えていない」という実感でした。触れ合えないことを実感するということから、面接場面での触れ合いが始まったのです。これはかなり逆説的な実感の形でしょう。ですが、ひとと関わっている実感がないことにすら気づいていないクライエントは珍しくありません。そうした場合、実感はまずは「実感がない」ことに気づくことから始まるのです。

さらに、「実感がない」ことへの「実感」は、先にセラピストに感知される類のものかもしれません。私自身に感知されていたのは、「ぼんやりとした退屈感」でした。私自身が面接場面において、かろうじて自らのこころとコンタクトを保っていたがゆえに、この退屈感は感知されたのだと思います。面接中、セラピストは自らのこころに正直な状態を保ち、ごまかしてはいけないんですね。セラピストが自らのこころに正直で、こころと通じていることにより、クライエントからの無意識的メッセージはキャッチされうるのだと思います。

セラピストは、クライエントに向き合うばかりでなく、自らのこころとも向き合っているわけです。それによってしか把握されないかもしれない、「ひとを理解できる次元」があるのでしょう。

ところで、先の臨床例における私の「ぼんやりとした退屈感」は、セラピスト自身のこころとのコンタクトという次元では、まだまだ浅い水準です。セラピストの逆転移によって感知される退屈感などのネガティブな情動体験は、大方クライエントの防衛的側面のキャッチであることが多いように思われます。この臨床素材でいえば、「触れ合えない」「虚しい」というのは、どちらかというと、こころの防衛的側面と言っていいでしょう。触れ合えない奥には、もっと痛切な生身の世界があるのです。このクライエントでは後にその部分は、「寂しい」という抑うつ的なこころの痛みとして語られるようになりました。

私がセラピストとして、もっと私自身のこころとコンタクトしていたら、「ぼんやりとした退屈感」の奥に、「寂しいこころの痛み」があることもキャッチできていたかもしれません。理想的には、セラピストは面接中そこまで自分のこころを使えるとよいのでしょう。多重チャンネルのように、さまざまなメッセージを受け取るこころの回路が必要なように思われます。今日の臨床においては、セラピストのこころも、あるひとつのメッセージを受け取るだけのような「単眼の視点」では、間に合わないのです。

このあたりのセラピスト側のこころの通路をうまく描出している本に、成田善弘先生（二〇〇四b）の著書があります。成田先生はその中で、セラピストが自分のこころの井戸を深く見通すことによって、クライエントのこころの井戸と通底する体験に至ることを説いています。そこで初めてセラピストは実感を持って、クライエントの傲慢な態度の奥にある「孤独」にこころを寄せることができたというのです。井戸という比喩自体が、こころの奥深くを掘ってこそ知ることのできる心的次元があることを巧みに描写しており、表現の妙がありますね。

さて、このような「知ることの次元」は、構造化された精神分析的心理療法においてもっとも可能となることを、私自身は否定するものではありません。ですが、それ以外では可能でないかと言えば、そうばかりとは言えないと思っています。純血主義の精神分析家は、構造化され、最低週一回の自由連想による面接の意義を強く主張しますが、「こころを使った心理臨床」というものは、たとえ三十分の面接であろうが、月一回の面接であろうが、はたまたデイケアやアウトリーチであろうが、「こころを使う」姿勢をセラピストが持ってさえいれば、多かれ少なかれどこでも可能となると考えています。ただ、それが「純金」の精神分析ほどにはくっきりとした輪郭を持たないというだけです。

私たちがさまざまな臨床現場で出会うクライエントと相対し、自らのこころに耳を澄ませていれば、私たちはクライエントから非言語的に伝わってくる情動や思考をキャッチする可能性が常に残されているということです。そこにこそ、対象関係論的な心理療法のもたらすクライエントとの関わりの醍醐味があると思うのです。

ただし、私自身は、このようなこころの使い方は、セラピストの独りよがりになる危険性を孕んでいることを自覚しているつもりです。ですから、初心のセラピストがいきなり自らのこころの動きだけを頼りに、クライエントとのセラピーに乗り出すとしたら、それは無謀なことだと思います。まずは、クライエントの「見立て」をしっかりできる基礎知識やクライエント理解の仕方をスーパービジョンなどから学ぶ必要があります。

本書は、「こころを使った日常臨床」の準備段階として、まずはそれら基礎知識の獲得の一助となることを目指しています。特に「対象関係論の特色」「見立ての仕方」「見立てから面接方針へ」は本書の中心を成しています。

ただし、単なる知識の習得を目指すばかりではなく、臨床素材を交えながら、「セラピストのこころの使い方」

も折に触れ示しています。これも読者が実際にこころを使った臨床を行う前に、知識としてこころの使い方を知ることを目指しています。

さらに、理論や技法を習得していくプロセスにおいては、ちょうど音楽家が音階練習を何度も繰り返すように、地道な努力も必要とされるものです。芸事というのは、多かれ少なかれ反復練習によって習得される類の性質を有しています。そのために本書では、「こころの動き方を知る」という第三章を設け、こころの動き方の「フレーズ集」みたいなものを作ってみました。

こころの動き方をこのようにパターン化させるというのは、邪道かもしれませんが、音楽に比せば、音階練習みたいなものだと考えてもらえばよいかと思います。私の好きなジャズでいえば、ジャズマンはアドリブを作るためのフレーズやそのフレーズを作る母体としてのコードやスケール理論をごまんと知っています。知っているだけでなく、難なく使いこなして演奏したりもするわけです。ですから臨床家も「こころの動き方のフレーズ」を基礎知識として知っているのは、こころの受容体の感度を高める意義もあろうかと思うのです。そうした素地があるからこそ、そこに吸収されたり捉えられたりするメッセージも生まれ、ことばが深く意味あるものとして立ち現れてくるのだと思います。

ですから、本書は、ジャズマンが模範演奏を示しながら解説した、ジャズの教則本に似ているところがあります。心理療法もひとつの技能ですので、基礎理論を学び、セラピー（演奏）の方法を学ぶ必要があります。「こころを使った臨床（アドリブ）」を行う前に、「基礎理論」や「ことば（スケールやコード）のフレーズ」を覚え、「理解や解釈の仕方（演奏スタイル）」を参考にしてみてください。

もっとも、「こころを使った臨床」の訓練には教育分析や個人分析が必須であるという主張が、精神分析家から至極当然に唱えられることでしょう。それは正当な主張だと思います。ただし、私自身は、個人分析も教育分析も受けておりません。私は歳を取るにつれ、原理主義的な精神分析とは一線を画すようになっていきました。

もともと常勤の臨床心理士として精神科の中で二十年あまり働いてきた、現場上がりの人間です。その後、大学教員として福祉学部に籍を置きましたが、福祉の世界は心理以上に泥臭い現場でした。面接の構造化も枠組みもないところから、重い障害者への生活援助が始まるのです。次第に私は、精神分析の狭い領域ばかりでなく、広く教育、福祉、医療、行政などで働く、「普通」の援助者に役立つような臨床や援助に関心を移したのです。そうした私の個人史が、私から精神分析の純血主義を遠ざけました。

ですが、これは言い訳に過ぎないでしょう。これから精神分析的心理療法家を目指す若い人は、個人分析を受けておいた方がよいかもしれません。そういう時代が近い将来到来するかもしれないからです。

では、本論に入り、まずは対象関係論の特色から話を始めたいと思います。

第一章

対象関係論の特色

対象関係論とは、時間の設定や面接頻度などが取り決められた構造化された面接の中で、その力が最も発揮されるものですが、必ずしもそれに限るばかりではないと思います。ひとの言葉をどう聴き取るか、あるいは言葉だけではなくて態度、振る舞いをセラピストがどうキャッチするかということであれば、必ずしも構造化された面接の中だけで生かされるものでもないでしょう。たとえばスクールカウンセラー、養護施設の指導員、児童相談所の児童心理司などでも、クライエントの言動をどう読むかということは、十分必要になります。

そのために、まずは「対象関係論の特色」といった理論的な大枠からお話ししていこうと思います。

第一節　一者心理学から二者心理学へ

1　欲動から対象関係へ

まず、「一者心理学から二者心理学へ」ということでお話しします。これはフロイト由来の「個人内部の欲動や自我機能」を見ていく視点から、「二者関係のダイナミズム」を理解していく方向に大きくシフトしたことを意味します。

フロイトの心理学というのは、個人の中の欲動、情動、思考、感覚など、クライエントのこころの中にあるものを見ていこうとしていたわけですね。個人の内部にあるそれらの欲動などが抑圧されてしまって、ヒステリー症状などが引き起こされているという臨床的観点です。ですから、クライエント自身のこころの内部に主に焦点を絞って見ていたわけです。クライエントが自分の情動、欲動を抑圧していると、そういう視点です。それはそれで大事な視点です。今でも、特に神経症のクライエントですと、その視点が有用になります。

その後時代の推移とともに、精神分析が二者心理学という臨床的観点へと変化していったんですね。その変化の主な理由のひとつは、臨床家や分析家が会うクライエントが変わってきた、ということにあると思います。どういうことかというと、具体的にはパーソナリティ障害の登場ですね。あるいは境界例の登場です。それによって、クライエント個人のこころの中の欲動がどう抑えられているのか見るだけでは間尺が合わなくなってきました。と言いますのも、境界例とかパーソナリティ障害のひとたちは、自分の中の情動をどんどんと対象の側に投影していきます。つまり、自分のこころの中に欲動や情動が抑圧されないわけです。こころに収まらずに、対象の側に投げかけられます。投げかけられた側のセラピストには、情動的に巻き込まれるという情況が起きるわけですね。

時代の変化とともに、ひとが自分ひとりで我慢して病気になっているという姿から、こころの形が大きく変わってきたということがあると思います。自分の中で苦痛な情動を抱えきれずに、他者に投影し他者を巻き込むクライエントが増えてきたんですね。ですから、対象との関係の中に反映された、クライエントのこころのあり様を見る必要が出てきたんです。その関係性の中で、セラピストにどのような情動、不安がコミュニケートされているのか、そういう視点がどうしても必要になってきたわけです。

2　自己像と対象像の交互作用

(1) 対象関係の原型

対象関係の原型というのはどこに始まるかというと、それはもう象徴的な言い方をすれば乳房との関係ということになります。乳房というのは、母親の一部、すなわち部分対象ですね。でも、とても大切な部分対象なわけです。さらにその部分対象はふたつに分裂、つまりスプリットしています。「満足を与える乳房」と「欲求不満を与える乳房」のふたつがあるということです。その対象のスプリットに相応して、自己の側も「よい自己」と「悪い自己」のふたつにスプリットしています。ですから、「よい乳房」からおっぱいをもらって至福な感覚に満たされている乳児は、「愛される自己」を体験し、おっぱいをもらえず欲求不満に満ちている乳児は、愛されない「悪い自己」を体験しているわけです。このふたつが、最初の対象関係の形ですね。

このふたつのスプリットした対象関係が、後々だんだんと統合されていくということが必要になるわけです。

(2) 対象関係の統合と反復強迫

統合ということがどういうことなのか、具体的にはイメージしにくいかもしれませんが、結局のところ、満足する体験、あるいは安心する体験が、不快で苦痛な体験を上回れば、スプリットした自己像、対象像は自然に統合されていくわけです。つまり、安心な体験が自己を形成する器となり、欲求不満をうまく抱え込めるようになるわけです。自分のこころの中に、不快な体験を抱え込めるようになるというわけですね。ですから、統合というのは、こころによい体験の核や自己が形成されて、初めて悪い対象関係をうまく抱え込めるようになることだと考えてよいと思います。

実際クライエントがよくなっていくプロセスにおいて、こんなことが話されたりもしますね。「駄目で嫌な自分がなくなったわけじゃない。でも私は打算のない繋がりを求めるところがあるから、子どもとの仕事の方が向いているかもしれない」。これがいわゆるアイデンティティの核の形成でもあります。アイデンティティというのは、「内的なよい自己」の発見とほとんど同じことですね。

その統合がうまくいかないと、いろいろな不快体験が未消化なままに、自己の中にスプリットされて留まってしまうわけです。たとえば「拒絶的な母親」と「駄目な自己」という悪い対象関係の組み合わせが、ずっと未解決なまま残ります。そのため、その後の人生でその関係性を何度も反復してしまうわけです。それが反復強迫ですね。ですから、そこをワーク・スルーしていかないといけないわけです。

クライエントはそのような未解決の葛藤の原型を何回も形を変えながら、人生において繰り返しています。幼少期、思春期、大人になってからも、ですね。搾取されるような人間関係を繰り返すとか、いつも見捨てられ体験に終わる恋愛を繰り返すとか、理想化しては幻滅がひどくなり不適応を来たすとか、それらはいずれも早期母子関係において生じていた対象関係の原型を、後々の人生において繰り返しているわけですね。そこで、まずはその関係性のパターンをセラピストが見出す必要があるわけです。さらには、その反復強迫として繰り返されている関係性の背後に、どんな未解決の葛藤が潜んでいるのかを見出していくわけです。

(3) 他者に対するイメージ(対象像)と自己に対するイメージ(自己像)の連動

これは同じようなことですが、他者に対するイメージと自己に対するイメージは連動しています。ですから、自己に対して悪いイメージを持っていれば、それに連動する他者イメージも基本的には悪いわけですね。

パーソナリティ障害や境界例と言われるひとたち、つまり投影機制を多用するクライエントたちは、とりわけ自己像と対象像の連動は起きやすいですね。つまり、「自分はだめな人間だ」、「愛されない人間だ」などの苦痛な感覚をこころの中でスプリットさせ、盛んに対象に向けて投影します。ですから、対象像もその投影の脚色を強く受けて、拒絶的で悪い対象像と化しやすくなります。

その一方、抑圧を中心とした防衛機制のクライエントですと、つまり神経症の方たちですと、自分の中の苦痛な情動や考えを無意識に我慢してしまうわけですね。依存にしろ怒りにしろ、こころの中に抑え込んでしまう傾向が強くなります。ですから、投影機制中心のひとほどには、自己の中の情動を対象に向けて投影してはいかない。ですから、自己像と対象像の悪い連動はそれほど強くはならないし、転移もそれほどは激しくならないのが常ではないでしょうか。

3　無意識的コミュニケーションの視点の導入

(1) 投影同一化理論の要請

投影同一化理論というのは、先に述べましたように、特にパーソナリティ障害のクライエントが増えてから、重要な防衛機制のひとつとして数え上げられるようになりました。なお、投影同一化も投影も、今日ほとんど同じ意味合いで使われていると考えてよいと思います。

メラニー・クラインが投影同一化という用語を初めて使用したのですけれども、クラインの考え方というのは、クライエントが自分の中に収めておけないネガティブな情動をこころの中でスプリットさせ、対象の中へと無意識的に投げ入れるという、排出型の投影同一化に関して言及したものです。たとえば、クライエントの中に憎しみがあったとすると、それを対象の中へと排出し、その結果憎しみは対象に属するものとなり、逆に被害感となって自己に跳ね返ってくる、ということです。つまり、悪い対象関係の原型を描き出したんですね。ですが、この考え方にはコミュニケーションの視点が乏しかったのです。つまり、被害感を生んでしまうような悪い関係性を描写しましたが、投影同一化を通して抱えきれない憎しみを対象に伝えている、という無意識的コミュニケーションの視点には充分及んでいませんでした。

現代の対象関係論の考え方は、この反省の上に立っています。投影同一化を通して、クライエントはセラピストに何をコミュニケートしているか、という視点が重要になってきているのです。単に不快な情動をセラピストにぶつけているのではなくて、それによって何をこちらに伝えようとしているのか、という視点です。これはかなり臨床的な視点ではないでしょうか。そういう視点を持たないと、あまりセラピーにならないと思います。嫌な気持ちをぶつけられて、セラピストも不快になったという話だけに終わってしまいますから。挙句の果てに、セラピストがその不快さに則って、クライエントに対して攻撃性の解釈をしたとしたら、不快な情動のぶつけ合いになりかねません。

投影同一化のコミュニケーションの視点の導入には、ビオンの影響が大きいです。ビオンは、赤ん坊の泣き叫びの奥に、「言い知れぬ恐怖」、すなわち「こころの痛み」を読み取る視点の重要性を強調しました。赤ちゃんが泣き叫ぶのは、何も母親に怒りをぶつけることが目的ではなく、たとえばその背後にある空腹という「苦痛」を受け取ってほしいからだ、という観点ですね。詳しくは、拙著（二〇一〇）を参照いただければと思いますが、ビオンは攻撃性の背後に潜む心的苦痛に感受性の高い分析家であり、人間のこころの悲劇を見つめた分析家だとも言えます。

投影同一化のコミュニケーションの視点の導入は、必然的にセラピストに「複眼の視点」を要求します。たとえば、境界例のクライエントがセラピーのことを「役に立たない」と脱価値化したとします。その発言は、文字通りの意味であるとともに、それによって伝えようとする無意識の意図もあるかもしれません。クライエントは、実は自分自身が「役に立たない人間」だと自己否定感が強いので、その絶望をセラピストに預けたがっているのかもしれません。あるいは、セラピストのことを大事な存在に感じると、離れられなくなるのが怖いので、セラピストへの対象希求性をスプリットさせ、脱価値化してきているのかもしれません。

額面通りのことばの意味に捉われることなく、「何がコミュニケートされてきているのか」いう「複眼の視点」を保ち、クライエントとの関わりに感受性を研ぎ澄ます方向性に、投影同一化理論も展開してきているのです。ちなみに、この「複眼の視点」もビオンの唱えた概念ですね。ビオンは、ことさら投影同一化の文脈で使用しているわけではありませんが、投影同一化を理解する視点としても有用だと思われます。

（2）投影同一化のタイプ

＊コミュニケーションの手段　＊心的現実の否認　＊セラピストのこころと身体への万能的コントロール
＊羨望への対処　＊寄生的対象関係　＊幻覚や妄想

ローゼンフェルト（一九七一）という分析家は、投影同一化のタイプを右のようにまとめています。よく引用される分け方ですので、参考までにお示しします。

最初に「コミュニケーションの手段」を挙げています。先ほどの話ですので、ここでは繰り返しませんが、現代では強調されている観点です。次からは、クライン由来の考え方です。

「心的現実の否認」です。これは自分の中の情動や観念を否認してしまって、その結果投影するということですね。まずは投影の前に心的現実を否認している機制を強調しているわけです。スプリッティングと似た機能のことを言っています。

「セラピストのこころと身体への万能的コントロール」では、投影して相手をコントロールしようとする、支配しようとする側面への着眼ですね。コミュニケーションの一種でもありますが、特にコントロールの側面に焦点を当てています。一時期、投影同一化の機能として、このコントロールの側面を重視した考え方が優勢でした。つまり、クライエントのコントローリングな投影同一化によって、セラピスト機能が制限されたりすることです。たとえば、クライエントの強烈な愛情希求に対して、セラピストが過度に共感的な態度に陥ったり、脱価値化に対してセラピストが弁解的になったりする、などです。

ですが、それは何が投影されているのかというコミュニケーションの視点がないと、クライエントからコントロールされて困った、苛立った、という「単眼的な視点」に陥ります。単なるセラピスト側の困惑や不快感の表明に終わってしまうわけですね。ですから、そのコントロールの中には、クライエントのどのような情動や考えが含まれているのかという、複眼的なコミュニケーションの視点がないと、臨床的な技法に繋がりにくいと思います。

残りのタイプは、従来から言われているものなので簡単に説明しますと、まず「羨望への対処」ですね。羨望を投影して対象の方がクライエントに対する羨望を体験するという投影同一化です。次には「寄生的対象関係」ですね。自己のすべてを大規模に投影同一化して、対象の中にあたかも棲みついているような、強力な一体化が働いている投影同一化です。さらには、「幻覚や妄想」も大規模な投影同一化の精神病的な一形態である、などです。

以上のように、ローゼンフェルトは投影同一化をいくつかのタイプに分けることによって、投影同一化の機能を整理し、今日のコミュニケーション機能の重視への先鞭をつけたのです。

（3）愛と憎しみ＋情動としての「知ること」

こうして見てきますと、今日の対象関係論は、フロイトの時代の性愛心理学とは違ってきていますね。フロイトの時代は、性欲や性愛が抑圧の最も標的となる情動でしたが、今はもう愛と憎しみです。つまり、普通の人間関係の感覚に近づいてきています。ただそれは無意識も含んだ人間関係ということですので、単に意識的な愛と憎しみを問題にしているわけではありません。無意識的な愛と憎しみの文脈で、どのような未解決の葛藤が潜在し反復しているのか、そういう視点です。

ビオンは、愛と憎しみに「知ること」を追加しました。「知ること」も情動の一種であり、「情動的に知ること」という知の次元もあるということです。これは別にそんなに難しい話ではありません。思考と情動は、相容れないばかりではありませんね。特に心理療法のような情緒体験から学ぶような思考に関しては、暗記による記憶や数学の知識とは違います。私たちが人間関係から学ぶことというのは、それは情緒でもあり思考でもある、というようなことですね。たとえば、「私はだめな人間だと思っていたけど、セラピーを受けるうちに、私の中にも誰かを援助したい気持ちがあることに気づいた」というような洞察は、単なる知識とは違いますよね。気づくことに伴う、ある種の「感動」がそこには付随しています。セラピーにおける「知ること」とは、「ああ、そうだったのか」というような、喜び、あるいは悲しみという情感とともにもたらされるものなのです。

ですが、これはセラピーに限らないことです。人生において、ひととの関係の中で自己が成長すること自体が、常に喜び、悲しみ、痛みという情動体験を伴う自己への気づきでもあるわけです。当然と言えば当然の話ですね。

第二節　抑圧から排除への時代的変化
——性愛の抑圧から攻撃性の投影同一化へ

抑圧から排除への時代的変化、これはすでにお話ししたことですけれども、境界例の登場によってそのような時代的な変化が訪れたわけです。つまり、スプリッティングに基づいた投影機制が優勢な患者群の登場です。この投影機制において、当初は特に攻撃性にクライン派は焦点を絞ったところですね。なぜかというと、攻撃性というのはとりわけ個人の中で扱いがたい情動だからです。ですから、クライン派は、攻撃性の解釈を面接当初から行うべきだという主張をしました。

確かに攻撃性というのは扱いがたいものですが、攻撃性にもいろいろなレベルがあるという認識を持たれると、臨床的には有用ではないかと思います。

1　攻撃性の種々相

＊羨望→具象（殺人）→象徴等価物（妄想、幻聴）→被害感・自己否定感→身体症状・精神症状→通常の怒り→活動性

攻撃性もさまざまに展開していく余地のある情動だと思います。このあたりの考え方には、独立学派的なニュアンスがあります。独立学派ですと、健康な攻撃性も強調します。ウィニコット（一九七五）などですね。ただ、いずれにしろ愛情のレベルによし悪しがあるように、攻撃性にもよし悪しがあると考えてよいのではないでしょうか。

根源的な攻撃性ということで、クライン派は「羨望」というものを対象関係の原初に位置付けました。羨望が何かと言うと、嫉妬とは違うんです。羨望は、たとえよいものであっても「何もかもぶち壊してしまえ」という破壊的情動です。嫉妬は、ほかのひとが持っているよいものを自分もほしいから、「相手から奪ってしまえ」という情念です。嫉妬においては、よい対象やよいものは破壊されません。ただ、横取りされようとするだけで

す。羨望というのは「自分になければ全部壊してしまえ」という非常に強い破壊性ですね。自分によい乳房がなければ「よい乳房を破壊してしまえ」ということです。だからすべて破壊に繋がります。

対象への羨望として強力な憎しみになれば、具象的な殺人が起こるかもしれません。憎しみが暴力という具象そのものと一体化してしまうわけです。それがもう少しマイルドになれば、具象そのものではない「象徴等価物」になるわけです。これは、スィーガル（一九八一）の唱えた概念ですね。具象そのものではなくて、少し象徴化の兆しが認められるけれども、象徴というレベルまでには至らないプリミティブな象徴の類ですね。たとえば、妄想や幻覚です。

スィーガルの例でいえば、公衆の面前でバイオリンを弾くことは、健康なひとにとっては、バイオリンが男性性器を象徴し、それを弾くことがマスターベーションを表しますが、精神病者にとっては、バイオリンを弾くことはマスターベーションそのものになるわけですね。ですから、精神病者は「なぜあなたは公衆の面前で私にマスターベーションさせようとするのか」と怒ったりもするわけです。つまり、象徴等価物のレベルでは、攻撃性はまだかなり生々しくて、愛情によって中和化されていません。ですから、激しい妄想とか幻覚、「死ね」というような幻聴が聞こえてきたりもするわけですね。

精神病のレベルの攻撃性からさらにマイルドになると、いわゆるパーソナリティ障害によく見られる「自分は嫌われている」という被害感や「自分はまったく価値のない人間だ」というような自己否定感に至ります。攻撃性と言っても、他者に向かうばかりではなくて、自己に向かう攻撃性がクライエントを苦しめていることも多いですよね。「自分はダメだ」とか「見捨てられるに決まっている」なども自己に向かった攻撃性ですね。

こうした否定的自己感というのは悪循環に陥りやすく、こころの中に抱えきれなくて、スプリットされ、対象に激しく投影されていくわけですね。そうなると、対象からの被害感や見捨てられ不安も増強します。その悪い対象関係の悪循環をどう扱うかがパーソナリティ障害のセラピーの要になりますので、折に触れてお話ししていきたいと思います。

攻撃性がさらにマイルドになると、身体症状化や精神症状化という、神経症レベルの症状になります。この水準の攻撃性は、愛情との融合が進んでいますので、パーソナリティ障害ほど生々しいものではありません。「私の中にはこれほど我慢してきた気持ちがあったんだ」とか「こんなにも恨みがましい気持ちがあったなんて」というように、自分のこころの中に攻撃的な情動を発見して、クライエント自身に悲しみやこころの痛みの実感がもたらされます。いわゆる抑圧されてきた気持ちが意識化される、ということですね。

神経症の中でも、比較的攻撃性の要素が強いのが強迫性障害です。それに比べ不安性障害は、昔から愛着・依存欲求の抑圧と言われていますね。ですから、一般的に言えば、強迫性障害よりも不安性障害の方が、心理療法においても穏やかな陽性転移をもとに展開しやすいです。

さらに攻撃性が中和化されると、通常の怒りになっていくわけですね。単に腹が立ったということです。しかも、そうした怒りを意識しながらもこころの中に置いておくことが可能です。このレベルの怒りが言語化できるということは、クライエントがかなりよくなってきているということですね。セラピストに対しても、「先生のその言い方はちょっと私の言っていることとニュアンスとして違う」とか「それは私にはそうは思えない」など、怒りというよりも異論を唱えるもの言いになったりします。すなわち、セラピストに同意できないと表現できるほどに、クライエントの主体が手応えを持ってきているということですね。

この水準になれば、攻撃性が能動性や活動性として健康的にも発揮されやすいです。活発で生き生きとしたパーソナリティ形成にも寄与するわけです。率直にものが言えるようになったり、ひとと屈託なく付き合えたりする背景には、攻撃性の昇華があると思われます。

ですから、攻撃性は怖れられるものではなくて、健康なレベルにまで昇華されるといいわけですね。

2　攻撃性を中和化するものとしての愛情

では、攻撃性はどのように中和化されていくかということですが、結局、それには愛情が必要になります。対象関係論は、愛と憎しみの心理学と言いましたけれど、激しい憎しみを和らげるのは、愛情との繋がりの認識や実感になります。

ここで愛情というのは広い意味で使っています。単に愛し愛される関係を経験するという意味ばかりでなく、自己のよい側面を知ること、対象のよい側面を知ることも含まれますね。つまり、自分自身のよさ、あるいは価値を知るということも、自己に対するひとつの愛情です。

さらには、そうした自己価値的な「自己のよさ」でなくても、「こうして過ごしている時が心地よいのだ」、「おいしいものが好き」、「ほっとできるひとときがある」などの内的感覚との繋がりがもたらす、「感覚的な自己のよさ」の実感もあります。これもとても大切な実感です。セラピーにおいても、まずはこうした「感覚的な自己のよさ」が体験されるようになり、その延長で「自分ってこういう過ごし方が向いている」、「自分ってこういうことが好きな人間なんだ」というようなアイデンティティの芽に繋がっていったりもします。これも広い意味では、愛情の文脈に入る「自己のよさ」との繋がりになりますね。

このような広い意味での愛情によって、激しい攻撃性が中和化されます。これはセラピー論にも繋がる大事な観点となります。

ですから、攻撃性がひどく表現されているとき、あまり攻撃性ばかりを取り上げても堂々巡りになることは少なくないですね。単に攻撃性の意識化の上塗りをするだけに終わることは珍しくありません。特に境界例やパーソナリティ障害などの重いクライエントの場合には、対象への恨み、つらみの裏側に、どんな対象への希求性、すなわち愛情がスプリットされているのかを見る「複眼の視点」が大切になります。また自己否定感という自己に対する攻撃性の裏に、どんな「自己のよさ」との繋がりの可能性が潜んでいるのかを見る視点もとても重要になると思います。

この点に関しては、本書において何度も登場するテーマとなります。

3　攻撃性をどう見るかによる人間観・臨床観の相違

さらに、攻撃性をどう見るかによって人間観・臨床観が違ってくるように思います。クライン派と独立学派では、ここに明らかな違いがありますね。クライン派は、攻撃性は一次的なもの、生得的なものという考え方です。ウィニコットに代表されるような独立学派は、愛情が得られないことに対する反応、つまりフラストレーションに対する二次的な反応という考え方です。フラストレートされた結果、怒りが生まれるんだという考え方です。ですから、クライン派の方が根源的な攻撃性を想定しているわけですね。人間観というか臨床観の違いが明瞭に出ていますね。

たとえば、もう亡くなりましたが日本の有名な分析家、土居健郎先生は甘え理論ですから、土居先生も甘えという観点からの人間観を持っています。土居先生の考え方ですと、甘えがプライマリーな情動だから、たとえクライエントが怒っていようが、それは甘えが満たされないことの裏返しだという話になります。甘えの文脈でこころを読もうとするわけです。

それぞれの臨床家によって、背景となる人間観があるわけです。ただ私たちは、臨床家ですから、その人間観がクライエントにどう還元されるかという臨床的視点を持たないと、単なる机上の空論に終わってしまいます。

私が思うに、攻撃性を一次的なものと考えるといった臨床は相当に難しくなる局面が多くなるのではないかと思います。なぜかというと、「あなたの攻撃性は一次的で生得的なものですよ」という臨床視点の、どこに救いを見出せるのか、ということです。生得的な攻撃性が人間の一部としてあるのは、確かなことでしょうけれども、そこを強調してどう収まりをつけるか、なかなか臨床的には難しいですね。重症なひとになるほど、攻撃性の文脈で解釈すれば、「私はなんてひどい人間だ」、「こんなひどい人間は生きている価値がない」という話になりかねません。すなわち、攻撃的な自己を包み込むだけのこころの器がないわけです。器っていうのは、「自分にもよいところがある」というような、よい自己との繫がりですが、重症のひとほどそんな繫がりが端からあるわけではありません。そこに攻撃性の文脈での解釈をぶちこめば、器が砕けます。

ビオンは、はっきりと明言しているわけではありませんけれども、攻撃性を「不在の乳房情況」に対する反応的なものとみなしているようです。ビオンは攻撃性の奥の「こころの痛み」を根源的情動として見ています。「こころの痛み」が耐え難いがゆえに、攻撃性が発動されるという思路が見てとれるのです。それというのも、ビオン自身とても悲惨というか、過酷な戦争体験や人生におけるさまざまな苦難の情況から生き残ってきたひとですから、「こころの痛み」にとても感受性が働くんですね（祖父江、二〇一〇）。

いずれにしろ、臨床における攻撃性の問題をどう捉え、どう扱うかは、今日大きな臨床テーマのひとつだと思います。

第三節　外的現実とは別の内的現実の提唱

1　外的現実と内的現実——ふたつの世界を生きる

やさしくて愛情深いその母親とは対照的に、子どもが超自我の懲罰に脅かされているということは、実に異様なことである。すなわち、この事実から、私たちは決して、実在の対象と子どもに取り入れられた対象とを同一視してはならない。（クライン、一九二七）

これも対象関係論の中でよく言われることですが、私たちはふたつの世界を生きているということですね。外的な世界とこころの中の世界と、ふたつの世界を生きているという言い方がなされます。

右の引用は、クラインからの引用ですけれども、簡単に言えば、見たところ優しいお母さんでも、子どもがとても怯えている場合があるではないか、ということです。それはなぜかと言うと、子どものこころの中に内的な親像がすでに形成されているからですね。現実の親とは別に、すでに子どものこころの中には内的対象としての親像が存在しているから、それは実在の人物とは決して同じものではない。子どもの内的対象が投影されている可能性だってあるではないか、と言っているわけです。

ですから、私たち臨床家は、客観的現実がどうであれ、こころの中に抱かれているクライエントの自己像、他者像の持つ力を尊重する必要があるのです。

2　成人のこころの中にある幼少期の無意識的対象関係の葛藤

対象関係論においては、母子関係を通して内的対象関係が形成される時期を、〇歳児の段階においてと考えます。さらには、〇歳児の段階で母子関係の未解決の葛藤も形成され、潜伏化されます。ですから、成人のこころの中には、幼少期の無意識的な対象関係が潜在しているというわけですね。私たち大人のこころの中に子どものこころ、しかも未解決の子どものこころの部分が潜在しているというわけです。

では、未解決の幼児的な部分というのは、どのように表面化するのでしょうか。これは、基本的には後の人生での人間関係がきっかけとなり、その潜伏した葛藤が発動すると考えられます。簡単に説明すれば、母親から拒絶されるというような未解決の不安が強く潜伏していれば、大人になってから重要な他者との関係性で、拒絶される不安が大きくなるわけですね。つまり、未解決の葛藤を相手に投影してしまうわけです。意識的にはよい関係を作ろうと思っていても、拒絶される不安の方が大きくなってしまって、結果的にうまくいかなくなります。

たとえば、母親からネグレクトを受けてきたような子どもが、結婚して温かい家庭を築こうと思って優しい女性と結婚します。ですが、何年か経るうちに、だんだんと妻の冷たい側面にも気づき、結局家庭内別居に至ってしまう。こういうケースの場合、意識的には温かい家庭を築こうとしているのだけれども、結果は母親との関係性の反復に陥っていますね。

なぜこういうことが起きるかというと、たとえば「愛されない自己」という無意識の葛藤を抱えているひとは、その苦痛な情動を投影しやすく、対象の中に「愛してくれない側面」を敏感に見出しやすいからですね。ですから、右の例でも、結婚相手が必ずしも本当に冷たい女性かどうかはわからないわけです。人間ですから、確かに冷たい面は持っているでしょうけれども、投影も手伝って、対象の中の「冷たい側面」ばかり感知しやすくなっていたりする。相手の温かく優しい面は次第に見えなくなっていくわけです。これはスプリッティング機制が働いているということですね。対象の「冷たい側面」に気づき出すと、「温かい側面」は吹っ飛んでしまったり、見えなくなってしまったりする。スプリッティング機制の結果、「単眼の視点」に陥るわけです。そうなると悪い側面ばかり体験されやすくなり、現実に悪い対象関係が醸成されてしまうわけです。

こうしたケースの場合、セラピーにおいても最初は陽性の関係で始まるかもしれませんが、次第にセラピストが「冷たいひと」や「拒絶するひと」、あるいは「理想的には世話してくれないひと」という陰性転移が顔をもたげてくるわけです。その際、セラピストの関わりとしては、そうした陰性転移に持ちこたえながらも、もう片面のスプリッティングされたポジティブな対象像を解釈していくことも必要になるわけですね。

第四節　ふたつの内的世界――妄想分裂ポジションと抑うつポジション

1　妄想分裂ポジション（生後二カ月を頂点）

（1）部分対象関係

＊迫害不安の世界
＊「よい対象-よい自己」「悪い対象-悪い自己」の分裂

先にこころの原型は〇歳児において形成されると言いましたけれども、クラインは、〇歳におけるふたつの内的世界を概念化しました。妄想分裂ポジション、つまりＰＳポジションですね。それと抑うつポジション、Ｄポジションですね。

妄想分裂ポジションは、生後二カ月ぐらいを頂点としたこころの布置、コンステレーションを表します。ここでの内的世界というのは、部分対象関係だということはよく言われますね。ですから「よい対象」と「よい自己」、「悪い対象」と「悪い自己」のそれぞれの組み合わせが、基本的にスプリッティング、つまり分裂しているわけです。

さらに、妄想分裂ポジションの段階では、悪い対象と悪い自己の組み合わせの方がよい対象とよい自己のそれに勝っています。ですから、悪い対象から「攻撃されないか」、「拒絶されないか」など、迫害不安が強くなるわけですね。そして、「自分は悪い人間だ」、「自分は嫌われるような人間だ」という悪い自己像も連動して強化されていく。ですから、基本的には被害的な体験様式に満ちた精神病者の世界と近似していると言われます。

（2）スプリット（分裂）した内的世界

妄想分裂ポジションの世界は、迫害不安だけで成り立っているわけではありません。対象関係がスプリットしている、というのはどういうことかというと、迫害的な不安の一方で、非常に理想化された対象世界が無意識裏に潜在しているということです。迫害的世界と理想的世界がスプリットしているんですね。

そのあたりの事情に関しては、精神病のひとたちは悪い対象関係世界の方が圧倒的に優勢ですから、理想化された世界はなかなか表に出てきませんけれども、同じスプリッティング機制でも対象希求性がもっと強い境界例になると、迫害的な世界の一方で理想化された世界が出現します。すなわち、理想的な対象から理想的に愛されたいという、二者関係への強力な希求性が顔を出してくることがありますね。最初は、セラピストのことをとても怖い対象と認知していても、不安が緩和してくると、今度は一転して理想化された対象像をセラピストに求めてきたりします。

この反転がなぜ起きるかというと、精神病や境界例のひとたちは、現実的な愛情というものを、ある意味実感として知らないと言ってもいいかもしれません。ですから、迫害的世界が緩和すると、今度は一転して「とてもすばらしい世界があるんだ」というような理想化世界を求めてしまう。

愛情というのは、ある意味至極現実的でありきたりのものです。親だっていつも自分のことを構ってくれたり、保護してくれたりするわけではない。親の都合もあって、知らん振りされることもある。それでも、ウィニコットが言うように、だいたいは自分のことを守ったり世話してくれたりする「ほどよい母親」であるのが、現実の愛情です。ですから、親の愛情は、トータルで言えば「まあまあいい親だった」ということで、「いつもいい親」であるわけではない。そのあたりのことが、現実の愛情というものの体験に乏しいと、逆に過度に愛情を理想化して、その理想像をセラピストや周囲の親しいひとに執拗に求めるということが起きてしまうわけです。

ですから、スプリッティング機制が優勢なひとには、スプリットされている側の対象関係を扱ったり解釈したりすることが大切になります。たとえば、理想化された対象関係が表に顔を出しているときには、スプリットされているのは、セラピストへのちょっとした失望だったり怒りだったりする可能性があります。逆に迫害的対象関係が表に出ているときには、セラピストへの信頼や対象希求性の芽がスプリットされている可能性があるわけです。そのスプリットされている関係性を見出し扱うことが、セラピーにおいてはとても重要になると思います。セラピストは、常に多重のメッセージの可能性にこころ開かれている必要があるのです。

また、スプリッティングは対象像ばかりでなく、それと連動して自己像もスプリットしています。ですから、スプリッティング機制が優勢なひとなら、自己像も極端になり、「自分はまったく何もいいところのないダメな人間だ」、「この先まったく何も希望がない」など、極度に自己否定的な自己像を抱いたりします。逆に、そうした否定的自己像への防衛として「自分は天才だ」、「将来世の中を動かす人間になる」などの理想化された自己像が抱かれたりもします。セラピーにおいては、自己像においてもよい面、悪い面の統合が必要になるわけですね。

（3）スプリッティング（分裂）の統合のひとつの形――良性の投影同一化を通して

では、どうやってスプリッティングが解消し統合されていくかというと、これはどうやって抑うつポジションに移行するか、という問いと同じことです。それに関しては、クライン自身も言っていることですが、よい対象関係が強化される、ということです。それは、攻撃性よりも愛情の方が勝ることによって可能になるわけです。あれほど悪い対象関係を強調したクラインですら、そういう風に言っています。よい対象関係に基づく「よい対象像-よい自己像」が「悪い対象像-悪い自己像」を上回り、よいもので悪いものを抱え込めるようになると、統合化が徐々に進んでいくわけですね。

これというのは、ひとの成長を考えた場合普通に起きていることではないでしょうか。「自分って取り柄がない」と思っていたけれども、恩師や先輩との出会いによって、「自分は先生たちと同じように教師に向いているんだ」など、自己のアイデンティティを発見していくプロセスがあります。精神分析の世界でも、「あの先生みたいになりたい」という憧れのセラピストが見出されたりします。優れたセラピスト像の中に同一化できる側面を見出して、自己のアイデンティティ、つまりよいセラピスト像を発見していくわけです。私自身も、若い頃は松木邦裕先生に同一化して「松木先生みたいな臨床家になりたい」と思い、成長の原動力にしたものです。

セラピーでも同じことが起きます。セラピストとの関係の中で、クライエントは知らず知らずのうちに、セラピストの中に自己を見出し、それまでのとても否定的な自己像をこころに抱えられるようになる展開が訪れたりします。詳しくは拙論（二〇一二）を参照していただきたいですが、この中に出てくるクライエントの場合は、セラピストと同じように「ひとのサポートができる自分」の資質を内的に発見していったんですね。だからといって、必ずしも現実に何かの援助職に就いたりする必要はないわけです。セラピストの中に見出されたものが、実は自分の中にも存在し、それがよい自己との繋がりを形成し、「こころの支え」になるわけです。そうなると、それまでの「ダメで取り柄のない自己像」もこころに包含されやすくなります。

こうした同一化は、悪い対象関係の悪循環になる投影同一化とは違い、愛情に基づくよい資質の無意識的交流になりえますので、「良性の投影同一化」と考えてよいでしょう。

（4）セラピストの逆転移の役割

さらに、セラピストへの良性の同一化が無意識裏に起きる場合、セラピストの逆転移のあり様が随分関係しているように思われます。先のクライエントの場合もそうでした。このクライエントは表面的にはセラピストのことを怖がって萎縮していたり、悪い対象とみなしていたりして、決して同一化対象と見てはいなかったんです。ですが、私の中に起きていた逆転移というのは、怒りや不快ではなかったんです。少なくとも、主たる情動はそうではありませんでした。むしろ、このクライエントの青年期心性的な痛々しさが過去の私自身の青年期の傷つきと重なり、私は大人になった自分が過去の未熟な自分を育てているような気持ちになっていました。

この逆転移の在り方は、まさに成田善弘先生（二〇〇四b）の言う「こころの井戸」を覗き込むことによって通底したクライエントとの繋がりであり、松木邦裕先生（一九九八）の言い方を借りれば、セラピストが抑うつポジションで機能することによってもたらされる、共感的な次元であると言えるでしょう。

先にも述べましたが、セラピーにおいては、セラピストが自分のこころに耳を澄ませ、多重のメッセージに開かれていることにより、初めてもたらされる「知ることの次元」があるのだと思います。

（5）スプリッティングの統合に伴う自己像の変化

スプリットされた自己像の統合に関して言えば、従来存在した悪い自己像自体がそんなに変化したりするわけではないと思います。ただ、それまでスプリットされていたよい自己像が見出されるために、結果的に悪い自己像の威力が減ずる、ということではないでしょうか。

こんなことを言うクライエントがいました。「セラピーを受けて、別に私が前の私と変わったわけではないと思います。自分は同じなんですけど、性格が変わったわけじゃないけど、違う自分がいろいろ出てきたし、楽しめる自分や世話したい自分も出てきて不思議」と言われました。自己像の統合とは、そういうことではないでしょうか。悪い自己像自体は、セラピーを受けたからといって、大して変わるわけではないかもしれません。ただ、それまではスプリットされていた他の自己像、つまり、「よい自己との繋がり」も実感されるようになるので、総体としてみれば「自分が変わった」と感じられるのだと思います。

ことばを換えれば、「よい自己との繋がり」が実感されることによって、悪い自己との繋がりばかり見えていた狭隘化したこころの世界に変化が生じ、こころの中の体験世界の可動域が広がったとも言えます。単眼的なものの見え方ではなくなっていくわけですね。

ただし、よい自己との繋がりやよい自己の発見といっても、勘違いしてはいけないのは、クライエントに対して「あなたはこんなよいところがある」、「あなたはこんなこともできてすばらしいですね」などと褒めそやすわけではありません。その程度の介入は周りにいるひとたちがすでにしていたりしますし、その程度でよくなるなら、そもそも専門家なんていりません。そんなことでは何ともならないから、クライエントは私たちの下を訪れるわけです。

ここで言うよい自己像の発見というのは、クライエントの内的感覚としての「よい自己」と繋がったり、セラピストへの投影同一化を通して「よい自己」を見出していったりするプロセスを指します。この点は第四章第二節でさらに触れることにします。

（6）抑圧とスプリッティングの見分け方

話が少し逸れますが、「抑圧とスプリッティングをどう見分ければいいのか」と聞かれることがときどきあります。両方ともに、当人の主観からすれば、「体験されない」、「感じられない」自己部分なので、似ているといえば似ているんですね。

端的に言えば、抑圧は「思ってもみなかった」、「気づかなかった」というように、まずは出来事に伴う気持ちが意識されなくなります。つまり、出来事は覚えているのですが、それに付随する気持ちが抑圧されます。私の経験したクライエントの方が、抑圧が緩和してきて言われたことは、「記憶喪失のひとが出来事を思い出すように、その時感じられていた気持ちが甦ってきました。あの時どんなに悲しかったのか、今思い出されてきたんです」というものでした。まさに記憶が忘れ去られるように、感情も忘れ去られるということなんですね。ですから、抑圧機制の強いひとの生育歴など聴取すると、出来事は話されるんだけれども、感情はあまり表に出ない、淡白な生育歴であることも珍しくありません。

ちなみに、出来事に伴う気持ちばかりでなく出来事自体も忘れ去られてしまう大規模な抑圧が、健忘、つまり記憶喪失ですね。抑圧も大規模になれば全生活史健忘にまで至ることもあります。

一方、スプリッティング機制のひとは、先ほどお話ししてきましたように、よい面と悪い面が激しくスプリットしていますので、感情が抑えられているというよりも、感情が極端なんですね。ですから、生育歴など聞くと、虐待やいじめなど、悲惨な出来事ばかりで記憶が占められていて、「このひとのよい体験はどこにあったのだろう」というような、よい人生経験がまったく見えない生育歴だったりします。あるいは、悲惨な中に、極端に惚れ込んだり、劇的な恋愛エピソードがあったりなど、理想化の爪痕を窺わせるようなエピソードが混じっていたりもします。よい体験のエピソードと悪い体験のエピソードが極端に混在しているわけですね。

また、そういう極端さとして示されるわけではないけれども、生育歴全体が「何もよいことがない」というように、漠然として陰鬱だったり、被害感の薄い膜で覆われていたりするような場合もあります。人生の歓びや楽しみの側面が窺い知れないわけですね。薄く広がった悪い対象関係がそのひとの人生を曇り空のように覆っているわけです。その場合も、よい対象関係世界がスプリットされている、ということだと思います。

さらに、面接の中で語られる言述も、「自分はダメ」、「嫌われているに違いない」など、ひとつの感情のみが激しく突出する傾向が見られます。その結果、気持ちが狭隘化し、他の気持ちがほとんど見えなくなったりしています。これもスプリッティング機制が働いているがゆえの「単眼の視点」に陥っているわけですね。

この場合、突出した気持ちに焦点を当て、「自分がダメと思う気持ちはどこから来ているのでしょう」など、そこを深めていこうとするセラピーが時折見られますが、逆にスプリッティング機制を強化しかねません。スプリッティング機制の場合、「ダメと思う」気持ちを掘り下げるのではなくて、それ以外の他の気持ちを掘り起こしていくようなセラピストの関わりが必要になるでしょう。

話が少し横にそれますが、日本の心理療法サークルの中で、これまで無批判に受け入れられてきた言説として「面接を深める」や「面接が深まっていない」などの言い回しがありました。このことばを前にすると、私たち臨床家はほとんど無条件にひれ伏すような、ありがたいご託宣だったとも言えるでしょう。しかし、私たちはそろそろこうした「体制としての理論」に疑いの目を向けてもよいのではないでしょうか。私が思うに、「面接を深める」というニュアンスが適っているのは、抑圧モデルに相当する神経症のように思われます。スプリッティング機制が中心のパーソナリティ障害や精神病圏のひとたちには、「面接を深める」という観点は、必ずしも当てはまりません。彼らは、スプリッティング機制の結果、情動体験が浅くなっているというよりも、むしろ狭まっている、と言った方が適切でしょう。すなわち、「単眼の視点」に陥り、自己や他者の否定的な側面しか目に入らなくなっています。ですから、先ほども述べましたように、ひとつの情動体験のみが突出してしまうのです。セラピストが、その情動体験に頭を突っ込み、掘り下げていったとしたら、狭まった情動体験をより強化しかねません。

ですから、スプリッティング機制が中心のクライエントには、情動体験の深まりよりも、「多様さ」がもたらされるような関わりが必要になるのです。この点に関しては、とりわけ第四章第二節において検討したいと思います。

ちなみに、ビオンの後期の業績では、こうした「体制」としての考え、超自我化された理論に対して――そこにはビオン自身の作り上げてきた理論も含まれますが――常に疑いの目を向け、新たな意味を創出しようとしました。ビオンは、分析サークル内において、絶えず新しいこころの領野を切り開こうとした、真の革新者だと思われます。興味のある方は拙著（二〇一〇）をご参照ください。

では次に、よい対象世界と悪い対象世界の統合プロセスに入っていく、抑うつポジションのテーマに話を移しましょう。

2　抑うつポジション（生後六カ月〜二歳頃）

（1）全体対象関係とそれに伴う不安

抑うつポジションに移行していくのは、発達年齢で言えば生後六カ月から二歳くらいの間と言われています。ここでは対象はいわゆる全体対象として体験されます。妄想分裂ポジションでは「よいお母さん」「悪いお母さん」という風に、別々のふたりのお母さんが存在すると思われていたのが、抑うつポジションでは、実はひとりのお母さんの中に、「よい面」「悪い面」の両方あることがわかってくるわけですね。この段階では、それに伴って体験される「抑うつ不安」への対処が課題となります。

（2）抑うつ不安の世界

a　前期：対象喪失の恐怖、見捨てられ不安

抑うつ不安の世界は、便宜的に前期、後期と分けた方が考えやすいですね。これはクライン派のシュタイナー（一九九三）の考えに基づいています。

抑うつ不安の前期は、よい対象と悪い対象の統合過程に入ってくるといっても、まだ対象や自己に対する信頼や愛情は充分ではないわけです。ですから「拒絶される恐れ」や「迫害不安」も依然として強い力を持っているわけです。抑うつポジション前期の不安として典型的なのは「見捨てられ不安」と呼ばれるものです。「結局最

後には見捨てられる」という不安ですね。

見捨てられ不安は、境界例などのパーソナリティ障害にはお馴染みの不安ですね。この不安が強いと、対象が自分を見捨てないかどうか試したい衝動に駆られるわけです。周知のように、境界例はセラピストのことを盛んに試しますね。リストカットしたり、性的行動化をしたり、時間外に面接を求めたりなど、セラピストの困ることを盛んに行う。「どこまで見捨てずに世話してくれるか」を試しているようなところがある。その裏には絶対に自分を見捨てない理想的な対象を希求しているわけです。それだけ「愛されない不安」が根底に強いわけですね。でも結局のところは、そんな理想はかなわず、だんだんとセラピストも嫌気がさしたり、負担に感じたりする。それを敏感にキャッチするから、ますます試し行動が増幅するという悪循環に陥り、結局セラピーが破綻したりするわけです。

見捨てられ不安のレベルになりますと、妄想分裂ポジションほどには悪い対象関係が強いわけではなく、対象希求性も強くなってくるわけですけれども、未だスプリッティング機制も強くて、よい世界、悪い世界が極端にスプリットしてしまっています。ですから、理想化された世界を強烈に希求するのは、文字通りそれを求めようとする理想化願望と、悪い世界を理想化された世界で覆い隠そうとする防衛的側面と両方あるわけです。

セラピーとしては、一般的には見捨てられ不安の解釈をしますが、私が思うにそれだけでは充分ではないと思います。むしろ見捨てられ不安の解釈が、スプリッティングを強化し、逆に見捨てられ不安を強めてしまうこともあります。見捨てられ不安が強い場合には、不安や防衛の解釈ばかりではなく、「理想的関係を築きたい」という、クライエントの願望的側面を取り上げることも必要でしょう。そうすることによって、それまで機能していなかったこころの領域に光を当て、こころの可動域を広げることにもなりえます。スプリッティングの場合は、情動の体験領域を深めるというよりも、広げるというイメージの方が的確でしょう。

b　後期：償いの念、対象喪失の経験、三者関係への参入

抑うつポジション後期になると、さらに愛情の方が強くなってきますので、よい対象の側面はあまり見失われなくなります。さらに「あんないい人を傷つけてしまったんだ」というように、対象を攻撃していたことへの罪悪感が起きます。クラインは特にこの側面を強調し、「よいお母さんだったのに憎んでいて申し訳ない」というような「償いの念」が生じてくることを、こころの成熟として考えています。

さらに、抑うつポジション後期においては、「対象喪失の経験」という、もうひとつのこころの成熟が課題となります。

抑うつポジション前期においては、対象に対して、いつも自己の要求を満たしてくれ、常に自分のことをケアしてくれる理想的な二者関係世界が希求されていたわけです。それが抑うつポジション後期になると、対象は万能的に自己の願望を満たしてくれる存在ではなく、「お母さんにはお母さんの都合があり、いつも自分のことを見ていてくれるわけではない」という現実に気づきます。そこで、その現実への気づきに伴う失望に耐えられれば、「対象喪失の経験」という貴重な情緒的成熟が達成されるのです。すなわち、理想の母親でなくても、現実の母親のよい面を認めることが可能となり、嫌な側面に耐えられるようになるわけです。それには、怒り、悲しみなどの抑うつ的諸感情が伴います。いわゆる「抑うつ的な痛み」ですね。すなわち、情緒的成熟とは、それらの「こころの痛み」に耐えられるようになり、こころの中の体験世界が広がることを指します。

さらに、「母親には母親の現実がある」という認識の基盤に立てることは、エディプス・コンプレックスの

ワーク・スルーにも通じます。なぜなら、自分とは別の現実を持つ母親という認識は、「自己」-「母親」-「母親の現実（たとえば母親と結びついた父親の存在）」という三項関係の成立が必要とされるからです。ここにおいて、子どもは母親を独占しようとするエディプス的欲望を放棄し、母親と結びついた父親の存在を受け入れるわけですね。これがエディプス・コンプレックスのワーク・スルーであり、それによって子どもは、社会性を帯びた大人の世界へのとば口に立ちます。すなわち、いつも自分がいちばん欲しいものを手に入れようとするのではなくて、時にはひとに譲ったり分かち合ったりするという協調性を持てるようになるのです。

このように抑うつポジション後期には、対象への「償いの念」「対象喪失の経験」、さらには「三者関係への参入」などが、課題となると言ってよいでしょう。

c　躁的防衛

抑うつポジションにおいては、「見捨てられ不安」「対象への罪悪感」「対象喪失の経験」といったような、さまざまな不安が生じますので、こころの中は相当葛藤的になるわけです。ですので、そのような葛藤やそれに伴う苦痛を吹き飛ばそうとして、「躁的防衛」が作動しやすくなります。「傷つけてもよかったんだ、あんなひどい人は」というように対象を脱価値化したり、傷つけたことに伴う自己の罪悪感を否認したりします。さらには、対象を喪ったことに対して、「自分の方が見捨てたんだ」という勝利感を体験したり、あるいは「あんな友達なんかいなくても自分はすごいんだ」という誇大感を体験したりして、別れに伴う苦痛な気持ちを吹き飛ばそうとします。そのような形で躁的防衛は発動しやすいわけですね。

ただし、対象との別れに伴って一過的に躁的防衛が働くのは、むしろ普通のことですね。それが遷延したりパーソナリティの恒常的な防衛のあり方になったりすると、うつやパーソナリティ障害の病理形成に大きく寄与してしまうということです。

いずれにしろ、対象関係論においては内的世界の基本的な考え方として、妄想分裂ポジションと抑うつポジションのふたつの世界を想定しているということを押さえておきたいところです。

第五節　無意識的空想の重視

1　子どものプレイと成人の自由連想は同位的

（1）夢と同じく圧縮、置き換え、象徴などによる無意識の表現

対象関係論では、無意識的空想を重視し、子どものプレイと成人の自由連想は同位的で同等の意味をもつと考えます。プレイにおいては、夢と同じく「圧縮」「置き換え」「象徴」などによって無意識は表現されるわけですが、自由連想においても、文字通りのことばの意味のほかに、多義的なことばの使用や象徴的な表現によって、無意識は表現されます。

（2）覚醒時にも無意識は活発：「夢思考」（ビオン）

ビオンは、覚醒時にも無意識は活発に働いていると言います。意識の裏にはいつも無意識がくっついていると

いうわけですね。そのような視点を「夢思考」というような言い方をしています。その例としてビオンは、私たちが自転車を漕ぐことを挙げています。自転車を漕いでいるとき、それは意識的な営みですね。でも自転車を漕ぐ時の足とか手の動きとか、いちいち意識しているわけではありませんよね。ほとんど自動的に自転車を漕ぐという行為は営まれています。

それと同じように、私たちが覚醒している普段の生活の中でも、こころの中ではいろいろな無意識的営みがなされているわけです。ビオンは、さまざまな不快な情動や思考を、無意識から意識への濾過装置を通して、意識の中に入れたり拒んだりして、私たちは正気を保っている、という言い方をしています。ですから、自転車を漕ぐ背後に無意識的な営みがあるように、日常的な意識の背後にも絶えず無意識の働きがあるんですね。

たとえば、重要な愛着対象を失った後に、過食・嘔吐が生じたりすることがあります。そうした場合、過食・嘔吐の背後にこころの中で消化できないような、無意識的な思考や情動が蠢いているということです。愛着対象を失ったことによる耐え難いこころの痛みが存在したりするわけです。それらがうまく処理されなくて、こころの痛みが姿を変え排泄されているのです。

ですから、セラピーは、過食・嘔吐として具象化した「排泄物」を、愛着対象を失ったことによる悲しさ、辛さという「こころの痛み」という情動の次元に昇華することが目標となるわけですね。

2　無意識的思考、思考の基——「不在の乳房」によるよい思考と悪い思考

病的な行動化や症状の背後には、先項で述べたような無意識的な葛藤が含まれています。無意識的な思考と

言ってもいいでしょう。耐え難い思考や情動の原型となる情況としては、これもビオンが言っていることですけれども、「不在の乳房」情況があります。赤ちゃんが欲する時に、お母さんがミルクを与えてくれなかったりすると、「ミルクがない」、「欲しいのにミルクがない」という情況が生まれてくるわけですね。それを「不在の乳房」という言い方をしたわけです。

乳房の不在時には、情動的な思考の水準としてふたつの方向性に分かれます。ひとつは「おっぱいがない」ことに耐えられなくて、「お母さんはわざとおっぱいを与えてくれないんだ」というような被害的な捉え方に傾く心性ですね。これは被害感の原型となります。不在のフラストレーションに耐えられないと、被害感が生じるわけです。つまり、妄想分裂ポジションの心性に陥ります。

ふたつ目は、乳房の不在に情動的に耐えられれば、「今は残念ながらおっぱいがないんだ」という認識になるわけです。つまり、「求めてもお母さんが与えてくれない時もある」、あるいは「お母さんがいない時もある」というように、「不在」を受け止めることができるわけです。それが「乳房が今はないことを認識する」、つまり、「不在の認識」という情緒的な成熟をもたらします。フラストレーションに耐えられるような、健康なこころの基盤が形成されるわけです。

これは、「自分が望んでも与えられない、そういう辛い時もあるんだ」という「痛みの認識」でもあります。ビオンが「不在の乳房の認識」ということで言い表そうとしたのは、そのような情緒的成熟ですね。

このように、情緒的な達成や成熟には、フラストレーション情況において被害感に陥らずに、いかにそのフラストレートされた心情をこころの苦痛として自己の中にコンテインしていけるかということが大きく関わっているわけです。それがこころの体験世界を広げるという、情緒的な成熟の大事なプロセスになっていくということです。

第六節　転移の重視

1　抵抗から転移へ――セラピストとの人間関係の視点

次に転移ですね。転移の問題は近年ますます重視されています。これは当然ですね。つまり、投影を多用するパーソナリティ障害のクライエントが増えた結果、セラピストとの関係の中に、彼らの対象関係の問題が集約されるわけですから。ですから、クライエントの未解決なこころの葛藤、不安、願望などがセラピストに投影されます。それが転移です。ですから、そこを扱わずしてセラピーが成り立たなくなってきたわけです。

転移に比べ抵抗というのは、最近あまり口にされることが減ってきたように思いますが、それは抑圧系のクライエントが減ってきたことと関連するかもしれません。つまり、抵抗は、クライエントが自分のこころを抑圧して、気持ちや考えが表現されなくなっている状態の時に使いやすい概念と言えます。こころの中の情動や考えを抑圧し、それによってセラピストに伝えたり表現したりすることに抵抗している、ということです。ですから、「抑圧」と「抵抗」はコインの裏表の関係に近いと言えるかもしれません。

そうした考え方から、境界例の登場によって、個人の問題が対象に投影されるようになった結果、関係性を見ていく視点に移り変わってきたわけですね。セラピストとの人間関係の問題になってくるわけです。境界例のひとたちが自己の内部の対象関係の問題を、目の前のセラピストに盛んに投影し、時にストーミーな転移が醸成されるのは、周知のところですね。

このように投影機制を多用するクライエント群の登場によって、転移、つまりセラピストとの人間関係の視点の重要度が増してきたわけです。

ただし、神経症レベルのクライエントの場合ですと、私が思うに、依然として抵抗概念は抑圧概念とともに有用だと思います。なぜなら、神経症のひとたちは、こころの中の苦痛な情動や考えを対象に排出するのではなくて、抑え込んでしまうタイプですから、こころを開くことに「抵抗」があるという表現は依然として当てはまると思われるからです。セラピストとの関係性を通して、次第にこころの蓋が開き、抵抗が緩んでいくというイメージは、臨床実感にも近いものがあります。

2　意識的転移と無意識的転移

転移には便宜的に区別すれば、「意識的な転移」と「無意識的な転移」があります。クライエント自身が意識して向けてくる情動や考えと、それとは意識はせずにセラピストに向けてくる情動や考えです。転移にもそのふたつがあります。どちらも重要ですけれども、さらに重要なのは無意識的転移ですね。無意識の中でどういう情動や葛藤がセラピストに振り向けられているか。それは意識的転移の背後に影のように存在しているので、そこを見出すのが実は大事です。クライエントの言っていることが、そのまま転移のすべてではないということです。

たとえば、クライエントがセラピストのことを憎いと言ったとします。それは意識的な転移ですね。本人が憎いというのだから、もうすでにその転移は意識されています。でも大事なのは、そのことばの背後の無意識です。その表現によって「無意識的にはセラピストに何を伝えてこようとしているのか」という無意識的転移を理解する方がさらに重要です。つまり、憎い裏にどのような無意識が抑圧されているか、あるいはスプリットされているか、というのを見ていくことが必要なんですね。そうでないとクライエントのこころの全体像を見失ってしまいます。

ですから、憎いあるいは好きでもどちらでもいいんですけれども、言われたことをそれがすべてと思ってはいけないわけです。「何が抑圧されたりスプリットされたりしているか」という「複眼の視点」を持つことが大事になります。

陽性の転移が起きていることを、とかく「ラポールがついた」と言ったりしますね。それは大事な話です。ラポールがつかないと、セラピーは進みませんから。つまりラポールは信頼感ですね。神経症レベルのひとでしたら、それはかなり現実的な信頼感であり、関係性の芽生えでもあったりします。それが、パーソナリティ障害のひとですと、まず必ず別の情動がスプリットされています。信頼感の裏にそのひとが表現できずにいる苦しい情動がスプリットされていたりします。ですからそこを見失って、「ああ、いい関係が進んでいる」だけでセラピストが満足していたら、後で痛い目にあうわけです。裏側のものが突然後から出てきて、「実はセラピストの支配的な態度にずっと服従してきたんだ」と言われたりして、セラピーが中断の憂き目にあったりします。

このように意識的転移の裏にどんな無意識的転移が隠れているのかという、「複眼の視点」が大事になるわけです。

第七節　逆転移の重視

1　逆転移の両義性

クライエントからの転移をキャッチする、セラピスト側の逆転移の問題ですね。特に無意識的な転移をセラピストがどう理解するか、どう読み解くかというのは、セラピスト側の面接場面における情動体験、つまり逆転移が重要な手がかりになります。

たとえば、すごくよい関係が表向きは成り立っている。けれども、それに相反するような疲れをセラピストが感じたり何か居心地の悪さを感じたりするなど、そういう局面がありますね。そのような場合には、クライエントの無意識的な転移をセラピストがキャッチしている可能性があるわけです。あくまでも可能性の範囲としてなのですが。なぜなら、そのキャッチした感覚というのは、セラピスト自身の個人的病理かもしれませんから。よい感情を向けられても、いつも戸惑いを感じるようなセラピストがいたとしたら、そのセラピストの病理に過ぎないかもしれません。

ただ、セラピストがクライエントとの間で体験する気持ちや情動の中には、クライエントの表には表れない裏側のメッセージ、つまり無意識的転移を受け取っていることがある、ということです。それが逆転移によって感知されているわけですね。

セラピーにおいて一見よい関係が続いていても、セラピストが疲れや居心地の悪さをキャッチした場合で言えば、クライエントの側にもうわべとは相反する気遣い、疲れ、自分を表現できない感覚など、セラピストが体験した感覚と同型の感覚がスプリットしていたり、潜んでいたりするかもしれないのです。

さて、逆転移概念には、従来二種類の考え方があります。それが次に述べる狭義の逆転移と広義の逆転移です。

（1）狭義の逆転移

狭義の逆転移は、単にセラピスト側の病理ですね。セラピスト自身のパーソナリティの問題をクライエントに投影してしまうわけですね。ことばを換えれば、セラピスト側のクライエントに向けた転移と言ってもいいでしょう。この場合、当然のこととして、セラピストは自らの病理によってセラピーに悪影響が及ぼされないように注意する必要が出てきます。

（2）広義の逆転移——クライエントからの無意識的コミュニケーションに応えるもの

広義の逆転移概念には「正常な逆転移」が含まれます。クライエントの無意識的な転移をセラピストがキャッチし、その結果セラピスト側に、クライエントの転移に相応した情動体験が生起している心的情況です。ですから、先ほど述べましたように、一見よい関係が成り立っているのにセラピストが何か苛立ちを感じるなら、それはひょっとしたら、クライエントから違った無意識的メッセージがコミュニケートされているのかもしれませんね。それをセラピストがキャッチしているのかもしれません。そういう意識を持つことが必要ですね。

クライエントとセラピストとの関係性は、そのようにして吟味されるわけです。

特に病理的な投影同一化が大規模な転移ほど、セラピストは巻き込まれます。たとえば、理想化転移に巻き込まれて、セラピストが「私は救世主だ」みたいないい気持ちに浸ったり、あるいは、非常にアグレッシブな攻撃性を向けられて、「自分は価値のないセラピストだ」と打ちのめされたりします。転移が強烈なほど、必然的にある程度巻き込まれ、セラピストもこころが狭隘化し、「単眼の視点」に陥りがちになります。

ですが、まったく巻き込まれなければ、クライエントが幼少期から反復している、未解決の葛藤としての転移も展開しません。それでは逆にセラピーにならないわけです。クライエントがセラピーの中に幼少期からの自己を持ち込めなくなりますから。ですから、セラピストは転移にある程度巻き込まれる必要もあるのです。巻き込まれながらも、どのような転移が働いているのか、逆転移を通して吟味しようとするのです。

そこに序章において述べたような対象関係論的心理療法の醍醐味も存するわけですね。セラピストの無意識を使って、クライエントの無意識を掴まえるといったアクロバシーがそこにはあるわけです。ですから、セラピストは、クライエントのことばを聴いているばかりではなく、面接中に自らのこころにも耳を澄ませ、こころの複数の回路を使い、自らのこころと対話することが大事になるわけです。

2　再演と共謀――病理的な投影同一化に対するセラピストの反応

それにしても、セラピストが転移にまったく巻き込まれてしまったら、クライエントが実生活の中で繰り広げてきた人間関係と同じことになってしまい、セラピーにはならないですね。巻き込まれながらも、何が起きているのかを吟味するという、二律背反的な作業が必要なわけですね。

重症な方ほど巻き込む力は強いですから、セラピストもこころの機能が狭まり、クライエントとの無意識的な「再演」や「共謀」に陥りやすくなります。たとえば、クライエントの悪い親イメージをセラピストが再演してしまったりします。クライエントからひそかな攻撃性を向けられ、セラピストが普段怒らないのに怒ってしまったり、苛立ちを表現してしまったりする。セラピストが思わず反論してしまったりする。それは、図らずもセラピストがクライエントと親との関係性を「再演」させられてしまった情況かもしれません。

その場合、セラピストは陰性転移を向けられ、図らずもそれに耐えられず、行動化しているわけです。ですから、セラピストは自らのこころと対話し、自分がどのような気持ちになり、どれほど動かされそうになっているのかを自覚する必要があるのです。そうすれば、その強烈な陰性転移の不条理な力こそが、クライエントから受けてきた支配の形でもあることに思いを馳せる、「複眼の視点」も生まれるかもしれません。クライエントは、自分が親から受けてきた支配的関わりを、今度はセラピストを相手に、立場を逆転させて、セラピーの中で実演しているのかもしれないのです。セラピストのその「もの想い」は、クライエントの「こころの痛み」を内側から理解する、情動的な力にもなりうることでしょう。

一方「共謀」というのは、クライエントとセラピストが「偽りのよい関係性」を維持しているようなことです。理想化が起きていて、その関係性にセラピストが乗っかってしまい、理想化の隙間から見えてくる陰性転移を取り扱い損ね、回避してしまっているような情況ですね。そのような場合、クライエントもセラピストもお互いのネガティブな側面には触れないような関係性を作り上げてしまっている。

たとえば、パーソナリティ障害のクライエントが、親や周囲のひとたちをとてもひどいひとたちだと非難したり、責め立てたりします。その話が同情に値する場合、セラピストにかかる無言の圧力としては、「私はそのひどいひとたちとは違う」、「私は優しくいいひとでありたい」という情動的な圧迫感です。セラピストは、知らず知らずのうちに、そうした悪い対象との差異化を図るために、受容的な態度に流れがちで、多少のことなら面接も延長したりします。セラピストは、気の毒なクライエントに対して、過保護な母親を演じることで、逆にクライエントの自我の力を弱め退行させていったりします。これが「共謀」です。セラピストは、「よい関係性」の御旗の下に、クライエントが大人になっていくために必要な「対決」（陰性転移の解釈）を回避しているのですね。ネガティブな感情が、自分に直接向かないように、クライエントに迎合しているとも言えます。その結果、ひどい親とは違った形で、クライエントの自我を結果的に駄目にしていくことも珍しくはありません。

このような転移情況は、重症の方ですと珍しくもなく起きることですので、「巻き込まれながらも何が起きているのか」をみていく「複眼の視点」が大事になります。その視点が保たれていれば、関係性の中にクライエント個人の対象関係の問題が集約されていることもいずれ見えてきて、転移解釈として取り上げられる機会も訪れやすくなります。

3　逆転移にも意識的なものと無意識的なものがあること

逆転移も注意しないといけないのは、意識的なものと無意識的なものがありますね。これは、分析家の衣笠隆幸先生（二〇〇〇）が言われていて、私もなるほどと思った見識ですね。

衣笠先生がおっしゃるには、よく学会報告なんかで「こんな逆転移が起きました」などという発表がありますが、それはセラピストが自分でわかっているような逆転移ですから、意識的な逆転移ですね。でも意識的な逆転移というのはあんまり当てにならないわけです。そもそも自分でわかっている逆転移を逆転移といえるのか、という根本的な疑問すら呈することができます。逆転移も転移と同じく、すぐには自覚できなくて、セラピストを背後から動かしている情動的な力です。ですから、本来逆転移はセラピスト自身にもすぐにはわからないもののはずです。すぐにわかるような逆転移は意識に近いもので、当てにならないと思っていた方がいいかもしれませんね。

私自身にもこんな経験があります。

若い頃に、スキゾイドと思われる青年の面接をしていて、そのクライエントは数々の細かな人間関係での傷つきを自己抑制的な口調ながらも誠実にセラピストの私に話していたんですね。私自身も若かったこともあって、そのクライエントのことが気の毒になり、かわいそうに思って話を聞いていました。私の意識的逆転移では、クライエントに同情的でした。

ですが、それは普段以上に同情的な姿勢になっていたのかもしれません。そのクライエントは、面接がしばらく継続した後、何の連絡もなく唐突に来院しなくなりました。どうしたのだろうと、私も見当がつかなかったのですが、しばらく時が過ぎた後、そのクライエントのその後が人づてに伝わってきました。精神科病院に入院していたのです。しかも、私との心理面接に関して、「セラピストに利用されていた」、「セラピストから子ども扱いされていた」と訴えているとのことだったのです。私はたいそう驚きました。そんな風にクライエントに捉えられていたとは、面接していた時はまったく思いもよりませんでしたから。

でも、後から考えてわかったんですね。私自身の同情的な気持ちの中に、確かにクライエントのことをある意味「子ども扱い」していた面があったことを。自分の同情心の裏側に優越感や見下し感があったんですね。セラピストとして私は、自己満足の快感に気づく必要があったのだと思います。ですが、それは無意識的逆転移としてベールに包まれてしまっていたのです。

第八節　愛憎を扱う二系列の学派

次に、愛憎を扱う二系列の学派の特徴を簡潔にまとめてみました。クライン派と独立学派、後者は中間学派とも言われます。すでに、一部述べてきましたが、どちらの学派もそれぞれ特徴があります。

1　クライン派

(1)　内在論

クライン派は内在論ですね。内在論というのは、ひとのこころの問題や病気が、そのひと個人のこころのあり方に起因している、という考え方ですね。対象関係論的に言えば、個人の内的対象関係の問題である、というように個人内部の問題として一次的に位置づけます。

（2）攻撃性は一次的――攻撃性・破壊性の解釈の重視

クライン派は、「攻撃性は一次的である」と考えます。ですから、ある意味生得的な攻撃性や羨望の強さを前提にするわけですね。そこが強いがために、悪い対象関係がもたらされる、ということです。ですから、攻撃性の解釈を重視します。クラインの著作の中で、このあたりがわかりやすく書かれているのが、『羨望と感謝』（一九五七）です。クラインの晩年の著作なだけに、クラインの考え方が総括的に述べられています。『羨望と感謝』を読むと、確かに攻撃性の解釈によってクライエントはよくなっています。ですが、今日多くのクライエント、特に日本のクライエントにそれをそのまま当てはめられるのかというと、私自身は疑問ですね。かなりダイレクトに攻撃性を解釈していますから。「あなたの中の攻撃性が対象を悪く見えるようにしているのです」と言ったニュアンスの解釈です。ですから、あくまでも「攻撃性の強いあなたの問題です」といったスタンスと言えるでしょう。

こうしたダイレクトな解釈が機能するとしたら、それに持ちこたえられるだけのパーソナリティの強さが必要になるように思います。でないと、「私が悪いんだ」と、逆にますます自己否定的な悪い自己像が強化されてしまいます。私が思うに、欧米人というのは、とにもかくにも、パーソナリティが日本人よりストロングなのではないでしょうか。ホロコーストを何度も潜り抜けてきている民族ですからね。民族として攻撃性の洗礼を受けてきていますから、タフなのでしょう。

クラインと同じ解釈を、現代日本のパーソナリティ障害にそのまま当てはめたら、自責感がひどく強まるのではないでしょうか。耐えられないのではないかと思います。文化論的なことをここで持ち出す筋合いではありませんが、日本人は和の民族だから、攻撃性に対する耐性は低いのではないでしょうか。こころの器の強さがないところに攻撃的な自己像を解釈したら、底割れしかねません。

2　独立学派

(1) 外在論

独立学派は、クライン派と対比的に言えば、外在論、つまり環境側の問題を重視します。端的に言えば、「母親がうまく世話できなかったから、こころの問題が起きたんだ」ということですね。ですから環境側の役割を重んじます。ウィニコットの「母親の原初の没頭」「ほどよい母親」「ホールディング」概念などは、これに相当します。

(2) 攻撃性は二次的――対象希求性の重視

ですから、攻撃性は二次的な産物で、ひとがフラストレートされた結果の反応だという立場です。そのため一次的には対象希求性を重視します。攻撃性よりも依存や愛着がどのように潜んでいたり、滞っていたりするのか、という視点です。ですから、攻撃性が表に出ていたとしても、その裏には、「愛情に対する飢餓感やフラストレーションがあるんだ」という考え方ですね。

(3) 分離、不在の観点――ビオン

ビオンは、独立学派ではありませんけれど、独立学派からも支持の厚い人ですね。「不在の乳房」、つまり対象の不在にまつわる「こころの痛み」、愛情を得られないことからくる「こころの痛み」を重視した人です。

ビオンは愛情希求との絡みでことさら論じているわけではありませんけれども、結局のところ、ビオンの言う「不在の乳房」情況というのは「温かいミルクがもらえないこともある」という、よい対象の不在情況のことを言っているんですね。それは結局、愛情希求がかなえられない情況からこころの問題を見ていると言ってもよいと思います。ビオンは、羨望という激しい攻撃性の底に、愛情との断裂から成る「こころの痛み」を臨床の根底に据えた分析家だと思います（祖父江、二〇一〇）。

第九節　対象関係の成長

1　部分対象関係から全体対象関係へ

(1) スプリッティングの統合

対象関係の成長と言えば、すでに述べましたように、部分対象関係から全体対象関係へという流れがあるわけです。それは自己や対象に関するよい部分、悪い部分のスプリッティング、つまり、分裂が統合されていくプロセスですね。

では、どのようにして統合が起きるのかということですね。これもすでに述べましたが、クラインが言っています。「愛情の部分が増強し、攻撃性の部分より勝るようになる」ことによって、自然にスプリッティングは解消していく、と。つまり、愛情によって憎しみや自己嫌悪などがコンテインされるようになるわけですね。これが自然な成長過程でもあるわけです。

私の臨床実感でも、同じ印象を持ちます。たとえば、とても自己嫌悪の強いクライエントがいて、「自分なんてまったくいいところがない」という自己認識だったとします。セラピストとの間でも「先生もどうせ自分のことをダメなやつだと思っている」という転移が働き、セラピストとしてはその転移を解釈したり、生き抜いたりすることが必要なわけですが、それだけでこと足りるわけではないと思います。そうした関係性を生き抜く中で、結局のところクライエントは「自分はこういう人間だ」というようなアイデンティティを獲得していくこと、それもセラピストとの関係を通して発見していくことが必要になるわけですね。

セラピストが陰性転移を生き抜いて、「よい先生」になるだけでは、クライエントのよい自己像に寄与しない場合は珍しくありません。すなわち、「セラピストはよいひと」だが「私はよいひとから守られるだけのダメな奴」という構図が変わらなかったりします。ですから、本章第四節の「妄想分裂ポジション」の項でも述べましたように、よいセラピストとの間での繋がり、すなわち良性の投影同一化を通した「よい自己との繋がり」が見出されたりする必要があるのです。

深刻な自殺企図と抑うつで心理療法をすることになった若い女性の例です。彼女は専門職でしたが、職場で仕事についていけず、職場のひとに対しても嫌われているという被害感を強くし、退職しました。幼い頃から優等生で、両親も有能なひとたちでした。面接では、退職に至った経緯に関しては、自分の力量のなさを思い知ったこと、自分が何に向いているのかわからないといった青年期特有のアイデンティティの問題が語られました。彼女は自信をなくし憔悴していました。そんなクライエントと面接していて、私にはクライエントのことがいじらしいような、保護したくなるような逆転移が起きていました。つまり、私の逆転移を通して理解されたのは、クライエントがセラピストに対して、まずは攻撃性よりも愛情希求のメッセージを送ってきているのではないか、ということでした。

このような転移を通して、クライエントが次第に気付いていったのは、自分のこころの中に「甘えたい気持ちがある」ということでした。支配的で有無を言わせぬ親の下、これまでクライエントは自分が甘えたいなんてまったく思ったことがなかったと言いました。むしろ、内心は競争心が強くて、優越感が自分のこころの支えになっていたというのです。

「甘え」への彼女の願望は、その後趣味サークルに通うことで、さらに満たされるようになっていきました。そのサークルの指導者や仲間との関係で、クライエントは指導されることに喜びを感じ、彼女自身も後輩の面倒を見るのが楽しくなってきたと言いました。

彼女は、「自分が求めているものがわかってきた気がする」と言うようになりました。これまでは傲慢で能力評価を求めていたけど、人間相手にできる仕事の方がいいと思えてきたと語りました。私は、「あなた自身が周囲から援助してもらう体験を通して、ひととの繋がりの中での仕事をしたいと思うようになってきたんですね」と伝えました。

その後、彼女は資格を取るため遠方に引っ越すことになり、私とのセラピーは終了しました。

終了時点で、彼女は、以前の自分と今の自分を比べると、「自分は同じだけど、違う自分がいろいろ出てきたし、楽しめる自分がいて不思議」と語りました。なかでも、「子どもが欲しい」と思うようになったのが不思議でたまらないと言いました。さらに、「先輩に教えられたことを先輩に恩返しするんではなくて、後輩につないでいくんだなってわかった。そういう恩返しの仕方もあるんだなって」と語り、私に礼を言い、去っていきました。最後は案外とあっけなく、私との別れに伴う悲哀はそれほど悼まれることもありませんでした。私は、成長して巣立っていく子どもを見送る親の気持ちでした。私の側には一抹の寂しさが残ったのです。

このセラピーは、クライエントの引越しにより、陽性転移が続いたまま終わりました。いわゆるサポーティブな心理療法です。クライエントはセラピストに世話されることに伴い「甘えたい自己」という内的感覚と繋がり、今度はそれがひとの役に立ちたいという「よい自己との繋がり」に展開し、その延長線上で職業選択の道を求めていきました。セラピストとの関係の中で「甘えたい」気持ちに初めて気づき、それをダイレクトにひとに求めようとするのではなくて、ひとを援助することで自分のその気持ちをも満たそうという良性の投影同一化の形態を採ったことは、基本的にこのクライエントが健康な部分を多く持ったひとであることを物語っています。

それにしても、「先輩に教えられたことを先輩に恩返しするんではなくて、後輩につないでいくんだなってわかった。そういう恩返しの仕方もあるんだなって」ということばは、私に強い印象を残しました。セラピーは、育ててもらったひとへの同一化を通して、アイデンティティ形成がなされ、それが後輩を育てたいという人生のバトンの受け渡しとなっていったのです。

さらに、もうひとつ注目されるのは、「自分は同じだけど、違う自分がいろいろ出てきた」と語られている点です。こころの中の体験世界が広がったのです。このクライエントは、それほどスプリッティング機制は強くなかったとは思いますが、セラピーが始まった当初は「悪い自己」像がかなり強力でした。それが「違う自分」、すなわち「甘えたい自分」「世話したい自分」「子どもが欲しい自分」など、愛情にまつわる「よい自己との繋がり」が見出されるに連れ、悪い自己像自体は変わらずそこにあるものの、随分とその力を減退させていきました。これもスプリッティングが緩和していくプロセスのひとつの形だと思われます。

このような面接の展開、すなわち、内的感覚の繋がりや、セラピストとの良性の投影同一化（「人間相手の仕事」）を通した「よい自己との繋がり」、その結果としての内的体験世界の広がりという面接プロセスは、成長促進的な関わりがとりわけ必要になる、思春期・青年期ケースには珍しくないように思われます。

（2）悪い自己像の投影の減少

よい自己像、よい対象像とも増強すれば、自己の中の不快で苦痛な情動も次第にこころに置いておけるようになります。すなわち、「自分の中にもよい自己がある」という感覚が増強されれば、ネガティブな情動や考えをそれほど怖れなくて済んだり、こころに置いておけたりするということが自然に起きるわけです。ですから、自己否定感などの悪い自己像の投影が減少します。

（3）取り入れの増加

悪い自己像の投影の減少に伴って、対象のよい面を取り入れようとするこころの働きも強くなります。ですから、クライエントがよくなっていく時は、セラピストのことを知らず知らずのうちに取り入れることが起きたりします。それも単なる真似ではありません。セラピストのことを批判しながらも取り入れたりします。「先生の言っていることを、そのまま受け入れているわけではない」と、そういうような言い方をしたりしますね。「これは私の考えたことなんだ」と。「でも、私の考えたことのルーツは、確かに先生の言っていることかもしれないけれども」みたいな、そういうニュアンスの取り入れの仕方ですね。批判的検討という形での取り入れが起きます。

それが偽りの取り入れだと、「よいことを言っていただいてありがとうございます」みたいな儀礼的というか、真似というか、丸呑み的というか、そんな取り入れ方ですね。よい取り入れの仕方っていうのは、それとは違って、批判的検討が行われながらも取り入れられるわけですね。これはかなりクライエントがよくなってきた段階での話です。

そうなると、主体的自己が強化されていきます。一般に子が親から巣立つ時も同じことが起きますね。子どもは親と似た自己を受け継ぎながら、もう一方では親を批判して親離れしていくわけですね。ですから、セラピーも子どもの成長プロセスと同型のことが起きる面があると思います。

2　万能感から悲哀へ

(1)　有頂天な願望充足から部分的な願望充足へ

そのような統合化プロセスや取り入れが進むとともに、有頂天な願望充足から部分的な願望充足で満足感が得られるようになっていきます。これというのは、万能感に訴えることが少なくなり、現実的な自己や対象との関係の中で、満足や感謝を持てるようになっていくということですね。

結局のところ、万能的な願望充足への期待というのは、裏側に強烈な欲求不満を抱え込んでいるからこそ、万能的な解決を期待してしまうということです。よいものと悪いものとの統合化が進み、よいものがスプリットされずに確保されるようになれば、満足体験は部分的にでもこころに留まるようになりますから、フラストレーションも緩和されます。そうなれば、自然に「有頂天な願望充足」を求める必要がなくなっていく、ということです。

（2）自己と他者の限界を受け入れられること

自己と他者に関して、「自分も万能じゃない、他者も万能じゃない」という境地に達するというか、そういう感覚を受け入れられるのは、裏側に「自分もまんざら捨てたものでもない」という自己肯定感があるからこそ受け入れられるわけですね。それがなければ、やはり自己や他者の限界は受け入れ難いかもしれません。「よいところがあるからこそ、悪いところが受け入れられる」という「複眼の視点」をセラピストは持つ必要があります。

ウィニコットの言う「ほどよい母親」というのも、あくまでもよい母親のベースがあるからこそ、母親の限界も受け入れられるわけです。ウィニコットは、「ほどよい自己」という概念は使っていませんが、自己に関しても同じことだと思います。「ほどよい自己」という自己像が持てるようになるといいですね。

「ほどよい対象像」「ほどよい自己像」が受け入れられるようになると、そこには万能的で理想的な他者像や自己像の諦念が随伴しているわけです。「夫は自分の思い通りのひとではないけど、いいところも結構ある」、「自分だって、すぐ腹を立てる面があるけど、やさしかったりもする」という感じでしょうか。ですから、「理想通りではない」ことには、よい意味での諦めと悲哀がつきものですね。ですが、この「悲哀感」がとても大切な情緒的達成でもあるわけです。というのは、自己と他者とを繋ぐ、いわゆる共感には、「自己の悲しみや弱さを通して他者の悲しみや弱さを理解する」というこころの営みが基本だからです。そこから限界を持った者同士としての、他者へのいたわりや優しさも育まれるのではないでしょうか。

（3）空想・思考の発達へ

ウィニコットは、自己や他者の限界、現実が受け入れられるようになることに関して、それは終わりのあるものではなくて終生続いていくものだ、と言っています。現実受容は、どこかの時点で成し遂げられるものではなくて、プロセスである、と。ですから、私たちはそのプロセスを、いわゆる可能性空間という領域、つまり芸術や文化や象徴の領域ですね、そうした領域で終生表現し続けていくものだ、と主張しています。

これはとても魅力的な考え方ですね。私たちは終生かけてモーニング・ワークをプレイフルにやり続ける生き物でもあるわけなんですね。現実を受け入れるということは、空想や思考を展開させながら、そのプレイフルな空間の中で自己を表現し続けていくことでもあるわけです。

3　主体の強化——排除されていた欲望・情動の自己帰属化：愛情 V 攻撃性

全体対象関係になれば、主体が強化されます。投影されていたネガティブな情動や考えは引き戻されて、自己の情動や考えとして、自己の内部に位置付けられるわけですから。ネガティブな情動が存在しても、同時にポジティブな情動も存在していますから、ネガティブな情動は怖れられ排出されるべき情動ではなくなります。ですから、逆に普通に怒ったりもしやすくなるんですね。極端で破壊的な怒りでなくて、普通に文句を言ったり、抗議をしたり、異議を唱えることができる。それが逆に率直で屈託のない人間関係の形成にも繋がり、「ひととの関わることへの心地よさ」が増すことにもなります。ですから、攻撃性がこころの中で抱えられることは、ひととの関わりに手ごたえをもたらしたり、生きている実感にも寄与したりすることなのです。

確かにクライエントも主体性が強化されていくと、セラピストに対しても率直な発言が出てきますね。それは破壊的な攻撃性ではなくて、信頼に基づいた批判に近いものです。「先生のことは嫌いじゃないけど、その言い方は大雑把で好きじゃない」、「いい先生だけど、すぐに話が通じないところがある」など、信頼が上回っているからこそ、率直なものの言い方もできるわけですね。しかも、両面相見るというものの言い方になっており、単眼的にセラピストを批判しているわけではありませんね。

こうした率直なやり取りができること自体が、クライエントの成長であり、セラピーの大きな意義でもあるのです。なぜなら、率直な関わりは、クライエントのこころの中が繋がってきたことを意味しますので、症状の緩和を大いにもたらしますし、さらには症状レベルの改善には留まらぬ「生きている実感」をもたらすからです。自らのこころに正直に付き合うことができ、さらにはそれが他者との親密な関係にも寄与すれば、人生は生きるに値する「心地よさ」を提供してもくれることでしょう。

さて、ここまでのところで第一章「対象関係論の特色」の説明を終わりたいと思います。おおまかにでも、対象関係論におけるひとのこころの理解の仕方やセラピーの考え方を掴んでいただけたら、と思います。

では次に、これらの理解を下敷きにした上で、対象関係論においては、実際にどのような手順を踏んでクライエントの「見立て」を進めていくのか、お話ししたいと思います。「見立て」は、セラピーを行う上で肝心要の最初の作業ですが、臨床情況や援助現場によっては、このような手順を踏んだ見立てを行うことが困難だったり、適当ではなかったりする場合もあるでしょう。ですが、対象関係論的な心理療法を行う場合には、肝要な手続きですので、基本に立ち戻り、基本を押さえるという意味で覚えていただければと思います。

第二章

対象関係論における見立ての仕方

――「ハード面」と「ソフト面」

さて、ここからは具体的なアセスメントの仕方を、見立てにおける「ハード面」「ソフト面」に分けてお話ししていきます。「見立て」というのは、「アセスメント」のことですけれども、それには、ハードとソフトがあるという考え方をするとわかりやすいのではないかと思います。

「ハード面」というのは、いま私たちが働いている臨床現場において、そのクライエントを引き受けられるかどうかに関わる外枠の問題ですね。具体的には、クライエントの精神医学的診断、病態水準、時間や料金などの現実的条件、セラピストの技量などが大きく関わってきます。それによって、クライエントを引き受けられるかどうかが違ってきます。

「ソフト面」はクライエントのこころのストーリーを読む、ということです。未解決の葛藤を含めたこころのストーリー、あるいはこころのシナリオといってもいいでしょう。ことばを換えれば内的対象関係ですが、そこを読むということです。それが対象関係論の見立ての最も力を発揮するところです。

第一節　見立てにおけるハード面

ハード面には、さらにセラピスト側の条件とクライエント側の条件があります。

1　セラピスト側の条件

（1）病院（入院施設の有無）、クリニック、心理相談室など

セラピスト側の条件としては、まず働く場所がどこかということです。病院なのか相談室なのかクリニックなのか。当然病院の方がキャパシティは大きいですから、さまざまな病態水準のクライエントを引き受けやすいですね。入院施設があれば、境界例で行動化が激しくなったときに入院対応できる懐の深さがあります。それは大学の心理相談室などでは無理な相談ですね。まずは、セラピストの働く場所によって、引き受けられるクライエントの性質が自ずと決まります。

（2）セラピストのオリエンテーション、技量、年齢、性別

次に、セラピスト側の要因としては、セラピストのオリエンテーションや技量の問題があります。認知行動療法のオリエンテーションなら、パーソナリティ障害のひとは一般的にはあまり引き受けないかもしれません。対象となりやすいのは、うつや不安性障害のような神経症レベルのひとになるでしょう。力動的な心理療法なら、長期に関わることが必要なパーソナリティ障害、対人関係や適応の問題を抱えたクライエントが援助の対象となりやすいでしょう。

このようにセラピストの拠って立つオリエンテーションの問題もありますが、セラピストの技量、年齢、性別などによっても、引き受けられるクライエントが現実的に制約を受けることもあります。たとえば、思春期の女子ケースに、中年男性のセラピストは不向きかもしれませんし、性的行動化が多い男性境界例に、若い女性セラピストが担当するのは適当ではないかもしれませんね。

（3）その他の現実的条件（時間、料金など）

他に現実的な条件としては、時間や料金ですね。これもセラピストがどこで働いているかによって大きく違ってきます。特に開業などで臨床を行っている場合、料金の問題は大きいですね。それ相応の実費負担が可能なひとをセラピストは選択することになります。他にも時間枠が夕方、夜間にも取ることができるのかどうかで、引き受けられるケースは異なってくるでしょう。

2　クライエント側の条件

（1）精神医学的診断

クライエント側の条件としては、まずは精神医学的な診断が大切になります。精神病や統合失調症の方でしたら、薬物療法が中心になります。まずは医療にかかることが第一に優先されます。精神医学的診断は、心理療法の対象となりうる方かどうか、おおよその目安をつけるのにとても大切です。大人でしたらパーソナリティ障害、神経症、適応障害などと診断されている方たちの中から、対象関係論的心理療法の対象の方は見出されやすいということです。

ただし、精神病の方がすべて対象外かというとそうでもありません。なぜなら、心理療法とは、そのひとの生き難さや人間関係の困難さに寄り添いながら、自分らしい生き方を見出していく側面がありますので、薬物療法が中心だからといっても、ひとが生きていくことに伴う困難さに関しては、援助できる余地がさまざまに残されているからです。

（2）病態水準

次に、病態水準ですね。神経症レベルかパーソナリティ障害レベルか精神病レベルなのかという病態水準、それによって受け入れのキャパシティが違ってきます。たとえば、心理相談室だけで精神病水準の方を引き受けるのは、先ほども言いましたが、医療がプライマリーに必要になりますので、避けねばなりません。パーソナリティ障害でも、不安を抱えられる力が脆弱で行動化が頻発するような病態の重いひとは、一時避難のできる入院施設の整っている機関の方がいいです。すなわち、私たちの働く場所によって、そのような限界があります。

精神医学的診断にしろ、病態水準にしろ、このあたりはクライエントの抱える困難や病気の外枠、つまりハードの部分です。クライエントを外側から見立てた参照枠です。

（3）パーソナリティの類型（記述的分類）

パーソナリティの類型も、クライエントの外枠の参照枠です。これに関しては成書に譲りますが、古典的なクレッチマーの分類なども知っておいた方がいいです。ＤＳＭ-５の分類も知っておく必要があります。これは医師とコミュニケートするうえで、ますます重要度が増してきました。精神医学の世界では、ＤＳＭの診断分類が席巻していますので。心理も医師との共通言語として学んでおく必要があります。他にもフロイトの性格分類など、背景の知識として知っておいた方がいいですね。

（4）社会適応水準／問題行動（行動化、非行、自傷行為など）

次に、社会適応水準に関してです。人間関係はどうか、学校や会社での適応はどうか、社会に出られなくて引きこもり状態なのかどうか、などですね。

また、この社会適応水準の見立ては、クライエントが病気や不適応を来たした以降のことだけではなく、「病前適応」がどうだったかも判断材料となります。なぜなら、もともとの適応がよかったひとが職場不適応になるのと、もともと学生時代から人間関係が悪かったひとが職場不適応になるのとでは、そのひとがそもそも持っている社会適応能力が違うわけですね。それによっても、セラピーの先行きの予測も違ってきたりします。

問題行動に関してもそうですね。行動化がどれほど起きるのか、非行や自傷行為がどうなのか、ということです。行動化は、そのクライエントの不安に持ちこたえる力を見る端的な指標です。対象関係論的な心理療法は、単に癒しや慰めを提供するものではありません。自分の苦痛な情動に直面し、それに持ちこたえる力も培いますので、本来不安喚起的な側面も有しています。ですから、行動化が起きやすいひとは、不安に耐える力が弱いので、対象関係論的な心理療法に導入するには、医療環境が整っているかどうかなど、慎重に吟味する必要が出てきます。

このようにクライエントのハード面の見立てによって、今私たちの働いている臨床現場で、その方を引き受けられるのかどうか、総合的に判断するわけです。

第二節　見立てにおけるソフト面――見立ての手順

＊症状、態度、行動、人間関係などの裏側にある情動や不安とその防衛機制
＊苦痛、不安、恐怖に満ちた「未解決の葛藤的な対象関係」

見立てにおけるソフト面ですね。これは何を見立てるのかというと、クライエントの病気や問題の背後にある、「こころのストーリー」を見立てるわけです。ここが対象関係論の見立てのもっとも中核の部分です。ことばを換えれば、早期母子関係由来の未解決の葛藤ですね。苦痛と不安や恐怖に満ちた対象関係が、どんな形で潜んでいるのか。それがこころのシナリオとして背後で動いているからこそ、不適応な人間関係、症状化、問題行動などが繰り返されたりするわけです。

そのためには、見立ての手順を踏む必要があります。病歴、生育歴、家族歴の聴取が中心になります。そこにクライエントの人生の歩みが刻まれていますので、その裏に潜む未解決の葛藤、無意識の人生のシナリオを読み取ることが可能になるわけですね。

1　臨床像

まず、臨床像ですね。クライエントの外見や会った時の印象ですね。服装、立ち居ふるまいやそこから受けるセラピストの主観的印象も含まれます。たとえば、派手な格好をしているひとなのか、地味な格好をしているひとなのかだけでも、その方の人柄がすでに表れている部分があるわけですね。服装にも、その方のこころの様子の一部が反映されるわけです。「うつです」と言いながら、すごく派手な格好をしていたら、これは何かちょっとおかしいわけですね。当然うつなら気も沈んで、気持ちも浮き立たないから外見も地味になるところです。それなのに派手だったら、これは何か違うことが起きているかもしれません。たとえば、うつからマニックになっているとか、あるいはちょっと倒錯的な病理が働いているかもしれない、とかですね。

また、外見や服装のみならず、クライエントから全体的に伝わってくる雰囲気も大事です。とげとげした雰囲気なら攻撃性がこころの内側に強いのかもしれません。従順で優しい雰囲気なら、慈愛的なのかもしれないし、単に攻撃性が抑圧かスプリットかされ迎合的なのかもしれません。

私自身は、自閉スペクトラム症の高機能のひとから伝わってくる雰囲気には、最初の頃とても掴みがたくて従来の範疇には収まらないものを感じました。一見、スキゾイドから伝わってくる空気感と似ているのですが、そこにはスキゾイドのような対人緊張感はほとんど感じられません。しかも、私がそこにいるにもかかわらず、私を突き抜けて私の後ろ側を見ているのではないかと思うような、ふたりでいることの実感の希薄さを覚えたのです。

このように、ふたりで一緒の部屋にいるだけでも、非言語的にさまざまなメッセージが送られてくるものです。

2　病歴（問題歴）の聴取

(1) 主訴は何か

病歴や生育歴の聴取に関しては、まず誰が語った話なのかが大事になります。といいますのも、クライエント本人が病院や相談室に自らの意思でやってくる場合ばかりではありませんから。なかには、親や家族に連れられて嫌々やってくるクライエントも少なくありません。ですから、病歴や生育歴では誰が語ったかを、たとえば「本人述」「母親述」などと明記する必要があります。

まず主訴ですが、これは、クライエントが主として困っていることですね。このあたりは基本的な話です。セラピストの方から質問して把握します。たとえば、「今日はどういうことでこちらにお見えになりましたか？」、「どんなことがお困りで、当相談室（病院、クリニックなど）にいらっしゃいましたか？」など、最初に尋ねます。それに応えてクライエントが「職場の人間関係が嫌で仕事に行きたくない」とか、「最近やる気が出なくて眠れない」とか、「ガス栓や火の元を何度も確認しないと気が済まない」など、いろいろ出てきますね。

主訴に限らないことですが、病歴にクライエントの話を書くときは、具体的に書いた方がいいですね。「確認強迫」と書くのではなくて、「ガス栓を十回、二十回も確認しないと気が済まない」などというように。しかも、そのクライエントの使ったことばをそのまま記載する方がよいです。その方が、そのクライエントの困り具合のニュアンスが伝わりやすいからです。

（2）発症（問題・病気の発生）から現在までの状態

a　発症情況

次に、その主訴が始まった発症情況ですね。いつそれが始まったのか、つまり発症情況はどんな風だったのか、ですね。たとえば「二、三年前から毎日仕事が忙しく、帰りも夜中という情況が続いていたところ、X年Y月初めに、朝出勤の電車の中で急に心臓がドキドキしてきて、このまま死ぬんじゃないかという恐怖を覚えたのが最初でした」などですね。発症時の様子を生活情況や人間関係を絡めて把握することが必要になります。

クライエントが子どもの場合だったり、本人が嫌々来た場合だったりなどでは、親から事情を訊く場合もあります。たとえば、「X年四月に高校に入学し、最初は普段どおりに登校していたけれども、X年五月の連休明けぐらいから、食事をあまり摂らなくなってきた。娘に事情を聞いてもあまりはっきりしない。ただ食べたくないというだけ。だんだん体重が減ってきて、X年七月には体重が三十五キログラムになり、心配になって連れてきた」というように、母親が語ったりします。

なお、病歴、生育歴ともに、年月をきちんと訊き、時系列がわかるように記載するとよいですね。

b　発症契機

次に、発症時に何か思い当たるきっかけはあったのかどうかを尋ねます。たとえば、パニック発作あるいは拒食症が始まった時に、何かきっかけはあったか、ということです。「そういう症状（事態、問題）が始まった時に、何か思い当たるきっかけはありましたか」と尋ねます。そうするとクライエントは、「仕事が忙しかった」とか、「上司から残業を強いられても断れなかった」とか、あるいは、「友達と仲違いした」など、生活情況や人間関係のエピソードをきっかけとして挙げることが多くあります。

発症情況やそのきっかけも、対象関係論的な見地からは、幼少期の母子関係の反復としてみなされることが少なくありません。たとえば、「上司から残業を強いられても断れなかった」は、母子関係やそれに引き続く人間関係において、このクライエントがいささかマゾヒスティックで自己抑制的な関係性を繰り返してきたことの表れかもしれません。同様に「親友と仲違いした」も、このクライエントが幼少期からこころの傷となるような別れを繰り返してきたことの表れかもしれません。

このように発症情況やそのきっかけに、そのクライエントの抱えている対象関係の原型や未解決の葛藤が表れている場合も少なくないのです。

c　現在までの経過・状態

次に、発症から現在までどのような経過を辿っているかを尋ねていきます。ひどくなっているのか、さほど変わらないのか、なんとかこれまで頑張ってやってきたのか、などですね。その結果、現在クライエントの主訴はどういう情況に至っているか、ですね。主訴ばかりでなく、それに関連する生活情況や人間関係も押さえたいところです。

かなり頑張ってもちこたえてやっと受診されたのか、困ったらすぐに相談に訪れたのか、このタイミングでなぜ受診や相談に訪れたのかなどにも、そのクライエントのひととなりが表れていたりします。つまり、頑張って持ちこたえてきたひとなら、我慢強さがあるわけですね。抑圧機制というのは、無意識的な我慢強さという意味合いがありますので、こうしたクライエントなら神経症圏の可能性が高くなるかもしれません。

この病歴の項は、精神科の予診とかなり重なるところがあります。たとえば、笠原嘉先生の『精神科における予診・初診・初期治療』（二〇〇七）がよい手引書ですので、参考にされるとよいと思います。

3　生育歴の聴取

(1) 生育歴の訊き方

次は生育歴の聴取です。この生育歴にクライエントの対象関係の原型がもっとも表れやすいですので、大切な聴き取りになります。精神力動的な面接を行うなら、必須の部分ですが、意外に充分訊いていない事例報告をよく見かけます。あるいは、訊いていたとしても、出来事の羅列だけで終わっているような聴取も珍しくありません。たとえば、「両親が離婚した」、「転校した」、「いじめにあった」、「友達がいなくてひとりで過ごすことが多かった」などです。こういう情報でも、もちろんそのひとの人柄の一端を表してはいますが、大事なのは、そういう出来事や情況に伴って、「そのクライエントがどのような情動体験をしたのか」です。ですから、出来事の羅列に終わらないためには、「そのことに関して、どのようなお気持ちになられましたか」など、気持ちを尋ねていく姿勢が必要になります。

病歴においてもそうですが、生育歴になると、特に「どんな」「どんな風に」など話を具体的に膨らませることが必要になります。ですから「どんな」ということばを使った質問が多くなります。同じいじめにあったとしても、「こころの中では助けてくれるひとを求めていた」と語るクライエントと「誰も助けてくれないに決まっている」と語るクライエントとでは、他者に対する信頼や愛情のあり方が違うかもしれません。だからこそ、そのいじめ体験がどのような情動体験になったのかを理解しようとする姿勢が必要とされるのです。そこを知ることで、クライエントの対象関係の原型の違いを把握することも可能となるのです。

ただし、あまり逐一気持ちを訊いていくと、侵入的になったり、くどくなったり、あるいは傷口をほじくりかえすことにもなりかねませんので、その辺は留意しながら訊く必要はあるでしょう。

もっとも出来事の羅列になってしまった生育歴が、訊く側の問題ではなく訊かれても気持ちを答えられないクライエント側の問題の場合もあります。たとえば、スキゾイドや離人症的なひと、あるいは神経症圏でも抑圧の強いひとたちです。そのようなひとたちの場合には、出来事に伴う気持ちは出辛いので、「訊いても答えられない」、「気持ちが出てこない」ことも、珍しくありません。しかし、「訊いて気持ちが出てこない」ということ自体が、見立てにおける重要な情報になるのです。そもそも訊かなかったら、気持ちをある程度話せるひとなのか、まったく話せないひとなのかの区別が付きませんから。

セラピスト側が気持ちを訊いていくことの重要性をわきまえ、実践する姿勢が大事です。

（2）幼少時から発症までの生育歴

生育歴は、だんだんと小さい頃の年代へと遡って話を訊いていきます。病歴が就職後から始まっていれば、生育歴は、就職前の学生時代、たとえば大学生の頃から話を訊いていきます。「大学生の時はどんな大学生活でしたか」と訊きます。次に「高校生の頃はどんな学生生活でしたか」と遡って訊いていきます。その時、「どんなと言われても」といってクライエントが戸惑う時があります。それ自体、クライエントが自らのことを話せない、表現できないという、ひとつの表れかもしれません。ですが、はじめて生育を質問されて戸惑うこともありえますので、そういう時には「たとえば部活とか友達関係とかどうでしたか」と、少し具体的に語る内容を示したりします。その程度のサポートで、「ああ、そういうことか」と納得して、クライエントが話せれば問題ありませんし、それでも「部活と言われても」と言ってなかなか話せないようでしたら、それ自体がクライエントの何らかの対象関係の問題を示す重要なサインかもしれません。そうした時にはそれ以上語るようには圧力をかけず、次の質問に移っていきます。

また、「発症前」「大学生の頃」「高校生の頃」「中学生の頃」「小学生の頃」「保育園（幼稚園）の頃」「最早期の記憶」など、年代を遡って話を訊いていきますが、先ほども述べましたように、必ずしも何かの出来事自体を訊き出そうとしているわけではありません。それよりも重要なのは、「人間関係がどうだったか」、「どんな子どもだったか」ということです。なぜなら、私たちが知りたいのは、そのひとの「ひととなり」だからです。ですから、「友達関係はどうでしたか？」、「クラスメートとの関係はどうでしたか？」、「ご自分ではどんな中学生時代でしたか？」などと訊いていきます。それによって、そのクライエントの持つ対人不安、パーソナリティ傾向、ひととの関わり方などが浮き上がってくるわけです。そこにこそ、クライエントの対象関係に潜む未解決の葛藤や不安を窺い知る手掛かりもあるというものでしょう。

また、生育歴をまとめる時には、聴取したのとは逆に、小さい頃から順を追って時系列に添って「幼稚園の頃は……」、「小学校に入学してからは……」などと、年代ごとにまとめます。

（3）生育歴上の不連続な変化はないか

クライエントの生育歴上、どこかで不連続な変化があることは珍しくありません。それはなぜかというと、こころの中にある未解決の葛藤が、人生のどこかのポイントで動き出したりするからです。特に成長の変化が激しい思春期に不連続な変化が起きやすいです。非常におとなしかった子が、活発になったり、逆に活発だった子がおとなしくなったりします。思春期は、自分の中の未解決で耐え難い情動や不安が動き出したり、新たに防衛され出したりする時期に当たりやすいのです。

たとえば、もともとおとなしくて引っ込み思案だった子が、中学生になって生徒会に立候補するなど積極的になったとしたら、その子の中には、少なくともふたつの自己が存在しているわけです。他者に対して委縮してしまう面と積極的に打って出る面と、そのふたつです。

中学生になってふたつの自己部分の存在が明らかになった場合、うまく両方とも受容されて共存しているのか、一方がもう一方の否定になっているのか、どちらかが「よい自己」でどちらかが「悪い自己」になってしまっているのか、それによって、ずいぶんとそのクライエントのこころの病理や対象関係が違ってくるわけですね。

おとなしい面と積極的な面とうまく共存できればよいですが、とかくありがちなのは、積極的な自分だけでアピールしていこうとすると、もう一面の臆病な自分がこころの中で抑圧されるか、スプリットされるわけですね。そうなると、自己全体の機能が生かされなくなり、いずれ破綻しかねません。ネガティブで排除してしまいたい自己も自己の内ですので、成長のためには、そこも抱えられるようになる必要があるわけです。

ですから、生育歴上の不連続な変化は、そのクライエントの防衛や自己のあり方を知る上で、重要な情報になります。

4　印象に残る夢

印象に残る夢というのは、こころの中で消化しようとしても消化しきれないから、何回も見てしまう、という夢ですね。悪夢なんかその最たるものです。

たとえば「怖いものに追いかけられる夢」というのは、よく見られます。怖いけれども怖いものの顔が見えないとか、殺されそうになるとか、そうした夢です。その意味は、そのひとのこころの中に、何か受け入れがたい自己や対象が存在しているけれども、怖くて正視できない、ということかもしれません。自己や対象の嫌な部分、排除したい部分がそのひとの中にあること、しかもそれが投影されて迫害的な形で迫ってきているという、「迫害不安のテーマ」を表しているのかもしれません。

傷を負った人間や動物が出てくる夢でしたら、また話が違ってきますね。傷ついた動物が痛々しく血を流している夢でしたら、クライエントの中に、対象を傷つけた罪悪感や自己の傷つきがあり、その「こころの傷口」から血が流れているのかもしれません。ここには、自己や対象を傷つけた痛みや罪悪感、あるいはそれを修復しようとする「抑うつ不安のテーマ」が読み取りやすいですね。その水準で苦しんでいるひとなのかもしれません。

このように、夢がそのクライエントの未解決の部分対象関係を表現したものとして理解していく手法は、対象関係論ならではのものですね。

5　最早期記憶

最早期記憶とは、一番小さい時の記憶です。そこに人間関係やパーソナリティの原型が反映されていたりします。ですから、「いちばん小さい頃の記憶で何か思い出すことはありますか」というような訊き方をします。早期対象関係が、象徴的にそこに表れていたりします。

たとえば、最早期記憶で「お母さんの背中におぶさって、ふたりで夕焼け色に染まった空を見ていました」という記憶と、「両親が口汚く罵り合いをしていて、怖くて押し入れに隠れていました」という記憶とでは、親との対象関係がまったく違ったものとして語られています。前者であれば、そこには母親と一緒に体験された、物哀しくもしみじみとした情感が伝わってきます。後者であれば、怒りに満ちた家族関係の空恐ろしさが伝わってきます。

ある意味、最早期記憶の中にそのひとの人間関係の始まりが刻印されているのです。

6　パーソナリティや生き方を知る

＊「あなたはどんなひとですか」「あなたにとって人生とは何ですか」

「パーソナリティや生き方を知る」、これは松木邦裕先生（二〇〇五）がおっしゃっていることです。「あなたはどんなひとですか」、「あなたにとって人生とは何ですか」など、とても単刀直入な質問の仕方をされるそうです。いかにも松木先生らしい、けれんみのない訊き方ですね。セラピストのセラピーへの覚悟が伝わってきます。

ただ、この質問に答えられるひとは、内省的なセラピーへの動機や適性がそもそも備わったひとかもしれません。この類の質問に応えて自らの人生やこころの内を見てみようという気になるわけですから。病院臨床などで臨床心理士に一般的に紹介されてくるケースは、症状の除去を一義的に求めるひとが多いですので、なかなかこのような質問によって面接への動機付けを行えるひとは少ないと思いますが、内省力のあるクライエントだったら、使ってみたい質問ですね。

7　家族歴の聴取

家族歴の聴取ですが、両親や兄弟の職業、年齢などの客観的な情報の他に、大事なのはその人物像ですね。どんな人柄か、ということです。ですから、「お母さんはどんな方でしたか」というような訊き方をします。それではクライエントがピンとこない場合には、「人柄とか性格はどんな方でした」、「たとえば、社交的とか内気とか」など訊いていきます。

さらに大事なのは、「クライエントとの関係はどうだったか」、「クライエントはその家族のことをどのように思ったり感じたりしていたか」ということです。クライエントから見た主観的な情報ですね。「あなたにとっては、どんなお父さんでしたか」、「あなたにとっては、どんなお母さんでしたか」と、やはりここでも「どんな」という言い方を使って、的を広くして尋ねていきます。

ときどき客観的な家族像を求めるセラピストがいますが、大事なのは「そのひとにとってどういうお母さんだったのか」ということです。親が子どもに対して見せる顔と大人に対して見せる顔は違ったりします。ですから、客観的人物像などというものはありません。他者との関係性の中で見せる顔は違ってくるものですし、それを受け取る受け手側の主観によっても違ってくるものです。

母親との関係は、すべての人間関係の原点になるものです。ですから、そこでの主観的体験がそのひとの対象関係の原型をもっとも規定します。ですから、あくまでそのクライエントから見て、「どんな母親だったか」が重要ですし、他の家族との関係でも同様なのです。

8　心理療法への動機他

（1）心理療法への動機付け

面接への動機ですが、当然自発的な方がよいです。家族や医師や誰かから勧められた動機ですと、心理療法に対する内発的な動機が乏しかったりします。「主治医に勧められたから」というように、ほとんど自分自身の動機が見当たらないひとも珍しくありません。特に精神科臨床ですと、ほとんどの方が症状の除去や具体的な解決策を求めて受診されますから、そこから自分自身のこころやひととの関係を見つめて行くという心理療法に、どのように動機付けるかというのはとても難しかったりします。

また後ほどお話ししますけれど、インテークやアセスメント面接の中で、クライエントのこころに響くようなことばを投げかける必要もありますね。「あなたの問題の背後には、こうした気持ちを我慢されてきたのかもしれませんね」というような主旨のことを伝えます。こちらの理解や見立てがどれほどクライエントのこころに響くかによって、かなり動機付けが違ってきます。症状の除去を求めているひとでも、こういう話が通じれば充分に心理療法に乗ってくるわけです。

（2）心理療法に求めるもの

先の話と重なりますが、クライエントが面接に求めるものが何かというのは、心理療法に導入するうえで大事なポイントですね。まるっきり症状の除去というひともいて、内的なことにはほとんど関心が向かない。「ただ吐き気が取れればいいです」というような、身体症状の除去を願うひとは一般に分析的な心理療法には乗りにくいです。

社会適応や人間関係の問題ですと、そこに何かクライエント自身の人間関係における困り感があるかもしれないので、比較的導入しやすいです。「こころの中で処理しがたい感情がおありのようですね。それゆえひととの関係で差しさわりが出てくるのかもしれません。少し自分の気持ちを見つめ、今まで気づかなかったような気持ちに気づきながら、現在の人間関係の問題を振り返っていくのが役に立つかもしれません」など、導入への糸口を見つけることができます。

さらに、自分自身の生き難さを認識しているクライエントでしたら、かなり心理療法に乗りやすいですね。すでにクライエントのこころの中で、自分自身の困り感をある程度明確に把握しているわけですから。自分自身をもっと知っていくという、力動的な心理療法の本来の目的に繋がる動機を持ったクライエントといえます。この種のクライエントは、病院臨床の中ではなかなかお目にかかりません。

いずれにしろ、面接に求めるものが症状の除去より、内的な問題に何か気づいているひとの方が心理療法には乗りやすいわけです。症状の除去を求めるひとの場合には、そこから内的な動機にどう繋げていくかが、ポイントになります。

インテークやアセスメント面接で、セラピストの理解を要所で伝えていき、それがどの程度クライエントのこころに響くかによって、心理療法への導入のインパクトが違ってくることでしょう。

9　心理療法の利用可能性

心理療法の利用可能性ですけれど、すでにお話ししたことと重なりますが、いわゆるサイコロジカル・マインデッドネスと言われるようなものが、どの程度クライエントに備わっているか、ということです。内的なものへの関心や内省力が高いほど、対象関係論的な心理療法には向いていると言えます。

知的な能力と比例する面もありますが、必ずしもそうでもありません。知的なひとでもすごく即物的な思考の仕方を好み、自分のこころの動きにほとんど関心が向かないひともいます。学問にはとても関心が高くて頭もいいのだけれども、気持ちやひととの関わりになるとさっぱりピンと来ないひともいます。

結局、ことばを通して内面を見つめたり、情緒的な交流をしたりすることに関心が向かないひとは、サイコロジカル・マインデッドネスに乏しくて、力動的な心理療法には乗りにくい面があります。

では、ここでひとまず「見立ての手続き」の話は終わり、次に見立てを立てる上でも、セラピーの上でも基礎知識として必要になる、「こころの動き」に関して解説を加えたいと思います。

第三章

こころの動き方を知る

ここでは、「こころの動き方」についてお話しします。こころが表現されるのは、主としてことばに拠ります。したがって、クライエントのことばから、どのようなこころの状態が読み取れるのかを解説したいと思います。

実際の臨床においては、このような知識を頭において話を聴くわけではありませんが、「こころを使う臨床」を目指す上での基礎技術です。序章でも述べましたが、ジャズ演奏のための「教則本」に似ており、特に第二節では「こころの動き方のフレーズ集」のように、抑圧系列と分裂-投影系列に分け、対比的に「陳述例」をお示しししています。

第一節　情動・思考の動き方を知る

1　情動・思考の動き方とは

まず「情動・思考の動き方を知る」です。これはどういう意味かと言いますと、情動・思考の動き方には、自然なものと不自然なものがある、ということです。

自然な情動や思考の動きの場合は、まず言動が一致しているということですね。つまり、悲しいエピソードが話されていたら、悲しい気持ちがことばとしても発せられます。したがって、聴く側にも悲しさが伝わってきやすいですね。怒って当然の事柄が話されていれば、怒っているという気持ちが伝わってくるわけです。したがって、自然な感情が動いている時は、おのずから聴く側も理解しやすい、あるいは共感しやすいと感じられます。私たちにこころの援助を求めてくるクライエントは、自分のこころの奥にある情動や思考と少なくとも部分的にはコンタクトできていません。これまで述べてきたように、そこは抑圧されたりスプリットされたりしています。ですから、不自然なこころの表現の仕方になるわけですね。

ただし、このように情動表現の弱さや乏しさとして感じ取られる場合と、情動表現の過剰あるいは欠落として感じ取られる場合と両方あります。前者は抑圧系に多いですね。情動の部分が抑圧され、意識化されないので、表現として出てこなかったり、出てきても表現が弱かったりするわけです。後者は、スプリッティングに基づいた投影機制に拠る場合が多いでしょう。

後者の「情動の過剰あるいは欠落」は少しわかりにくいので、説明を補足します。

たとえば、情動の過剰の場合には、自己の怒りが激しくスプリットされ、その怒りを対象に投影した結果、対象が自己に怒りを向けているように感じられます。そうなると、対象から怒りを向けられて、余計に自己の怒りも激しくなるという悪循環が形成されるので、怒りが極端に激しく表現されてしまうわけです。

情動の欠落の場合は、情動の部分が大規模にスプリットされ、スキゾイドのように、対象との関わりの中で気持ちがまったく動いていないような状態となります。すなわち、いつも淡々とした様子になったりします。この場合は、投影機制はそれほど目立ちませんが、うっすらとした被害感で対象関係全体が曇り空のように覆われる様相となります。

なお、本項では、スキゾイドのタイプは恒常的に情動が平板になっており、対象との関わりが見えにくい面が強いですので、後で述べる「分裂-投影系列」の例では、スプリッティング機制の上に投影が活発なタイプのパーソナリティ障害を念頭に置いて解説を加えています。

2　情動・思考の防衛系列の二種

結局、これら情動・思考が不自然な動き方になるのは、心的防衛機制が強く働いているからですね。その系列としては、ふたつに分けて考えることができます。すなわち、「抑圧系列」と「分裂-投影系列」です。

ところで、従来、防衛機制の大枠の分け方としては、「抑圧」と「分裂（スプリッティング）」とに分けられてきました。前者が神経症的防衛機制を代表するものであり、後者が原始的防衛機制を代表するものです。ですが、臨床的な事象を区別するのに、抑圧とスプリッティングでは、見分けにくい面があります。なぜなら、どちらも情動や思考がこころの中で体験されない状態を言い表しているからです。概念上は、抑圧の方は、こころの中に抑え込んで体験されなくなっている情況であり、スプリッティングの方は、こころから排除して体験されなくなっている情況を指します。ですから、どちらも「体験されない」ことに変わりはないので、区別が難しい面があるわけです。

そこで「抑圧」と「分裂-投影」と表記した方がよいのではないかと考えました。なぜなら、「分裂-投影」と表記することで、スプリッティングの上に投影機制が働いていることを強調できるからです。「投影」を付記した意図は、スプリッティングによって排除された情動が、投影機制によって対象に投げ込まれ、投影機制ならではの特有な対象関係が現出されることを明示するところにあります。それによって、抑圧系列との臨床事象の違いが区別しやすくなります。しかも、この考え方は、従来の「神経症的防衛機制」「原始的防衛機制」という防衛機制の二大概念を変更するものでもありません。

では、ここでもう一度「抑圧機制」「分裂-投影機制」という防衛機制を簡単におさらいしておきたいと思います。基本的に、どのようなこころの動き方をするものか、ということです。

抑圧系列のひとは、基本的に自分のこころの中で気持ちや考えを抑え込んでいくタイプです。知らず知らずのうちに、我慢してしまって、自分の気持ちに気づかなくなるようなひとたちですね。

抑圧もその上にいろいろな防衛機制が付け加わったりします。たとえば、置き換え、知性化、反動形成などですね。ですが、それら神経症的防衛機制は、いずれも抑圧の土台の上に成立しているものです。ですから、抑圧系列の防衛機制か否かの区別がつけば、クライエントの病態水準やパーソナリティの見立てのおおもとを判断することができます。ですから、置き換えや知性化などの細かい防衛機制に目を奪われる前に、まずは「抑圧系列」か「分裂-投影系列」かの見立てをすることがとても肝要になります。詳しい防衛機制の解説は、巻末の補遺を参照してください。

次に「分裂-投影系列」ですが、投影というのは、自分のこころの中の苦痛な情動や考えがスプリットされ、その上で対象の中に投げ込まれる、という防衛機制です。ことばで説明しますと思弁的に聞こえるかもしれませんが、臨床事象としては、被害感や見捨てられ不安として、私たち臨床家にはお馴染みの防衛機制ですね。境界例などのパーソナリティ障害は、この投影機制を頻繁に利用します。セラピストも含め対象を巻き込む防衛機制ですから、転移も現実の人間関係もストーミーで激しいものになりやすいわけです。

では、次にそれらの防衛機制が「情動・思考の動き方」の中で、どのように働くのか見ていきましょう。ここでは、「情動・思考の動き方」を「喪失の系列」「愛情の系列」「怒りの系列」「自己愛の系列」と、四つに分けて考えてみました。クライエントの語りをこのような情動・思考の分類に分けて考えると、頭の整理に役立つのではないでしょうか。

第二節　情動・思考の動き方の四系列

1　喪失の系列

（1）自然なこころの動き：悲しい、淋しい、憂鬱

喪失系列の情動の場合ですと、自然なこころの動きは、当然「悲しい」「寂しい」「憂鬱」などの気持ちの動き方になりますね。つまり、対象との別れに際して、悲しみが実感されます。さらには、喪った対象との関係を振り返って、よい思い出が想起されたり、愛情も再確認されたりするので、余計に喪ったことへの悲しみを深くします。悲しむ中で対象への罪悪感や怒りも出てきますが、基本的には対象への愛着やよい思い出が勝って、何度も回想される中で、次第に喪失を受け入れられるようになっていくわけですね。

（2）不自然なこころの動き

a　抑圧系列：悲しみの表現されなさ

では、喪失のこころの動きがどのように不自然になるかというと、抑圧系列なら「悲しみを感じない」ということですね。これがごくシンプルな基本形です。

ですが、抑圧系列の場合は、こころの中に悲しみを抑え込んでいるわけですから、悲しみが言外に滲んできたり、伝わってきたりするわけですね。「悲しくない」と言っていても、表情にかすかに苦しさが滲んだり、ことばが強がりに聞こえたりなどします。セラピストがこころを使って、クライエントのことばを聴いていると、そうした悲しみの根っこがキャッチされることも珍しくありません。

六十代のとても品のよい女性が面接に訪れました。夫が亡くなったのだけれども、いつも夫が傍で見ているような気がして、気が抜けないというんですね。その方は夫が亡くなった時にも、夫の仕事の残務整理に忙殺されて悲しむ間もなかったというんです。「涙も出なかった」と。

その後、強迫性障害に罹ってしまったんですね。なぜかというと、「夫が傍で見ているような気がして」というように、こころの中で夫と分離できなかったからです。

面接では、夫のことは「とても立派なひと」だと言われ、彼女としては、縁の下の力持ちになって夫を支えるのが生き甲斐だったと語ります。ですが、夫が亡くなったことへの実感はほとんど沸かず、悲しみも感じられないと言われます。私にも、クライエントの悲しみは、直接には伝わってきませんでした。ですが、クライエントの姿勢を崩さぬ佇まいからは、容易にはこころの扉を開くわけにはいかない覚悟の程が察せられました。

結局のところ、このクライエントの悲しみを塞いでいたのは、実は夫への愛情希求がかなえられなかったことへの恨みがましい気持ちでした。彼女は、「縁の下の力持ち」として、夫の陰になって家庭や会社を切り盛りしていたのですが、夫には充分にはねぎらわれていなかったんですね。夫への恨みがましい気持ちが自分の至らなさとして向きを変えていたのです。

隠れた陰性感情のために悲しみを充分に体験できず、対象と内的に別れることができなくなり、強迫性障害に罹ったという例です。

b　分裂-投影系列：悲しみの置いておけなさ＋対象の脱価値化、被害感

分裂-投影系列ですと、悲しみは直接表出されないばかりでなく、その上に対象への操作が加わります。つまり、対象を脱価値化したり、勝利感を抱いたりします。そうした対象操作によって、さらに徹底的に自分の中の悲しみを排除しようとするのです。ですから、悲惨な別れを語っていても、どこか爽快感や高揚感を感じているような印象が伝わってきたりします。いわゆる躁的防衛ですね。

このようなパターンは、境界例やパーソナリティ障害のひとにはよくありますが、健康なレベルでも、一時的に躁的防衛を使って対象を脱価値化することは珍しくありません。別れに伴うこころの痛みをとにかくこころの中から取っ払いたくて、恋人との別れの後、友達と恋人の悪口を言いながらカラオケで空騒ぎするなど、そんなことは普通にありますね。でも健康なレベルですと、家に帰ったら淋しくなって、涙が出てきたりしますね。

さらに、パーソナリティ障害のひとになれば、些細なことで分離感を鋭く感知しますので、日常的な人間関係

自体が、常にちょっとした喪失体験の連続になっているとも言えます。たとえば、友達関係でも三者関係が苦痛だったりします。なぜかというと、三者関係が二者関係の親密さを引き裂く分離情況になるからです。自分以外のふたりが自分との関係よりも親密に思えたりします。そこに分離感が生まれます。それに続き、自分が友達よりも好かれていないのではないかという被害感が、容易に頭をもたげてきます。

対象喪失の情況で、自分が辛い思いをしたり悲しい思いをしたりすると、それに耐え難くて対象を脱価値化したり、被害的になったりするのが、分裂-投影系列によく見られるパターンではないでしょうか。

2　愛情の系列

(1)　自然なこころの動き：愛されたい、愛されないのではないかと不安

愛情の場合は、情動や思考は多岐に亘りますので、一概には言えませんが、素直なこころの動きとしては、「愛されたい」という気持ちになるでしょう。「愛し愛されたい」と思うのはひととして自然な気持ちです。ですが、そのような愛情希求には、多かれ少なかれ愛情不安も付きまとうものです。愛情を求めても得られないのではないか、という不安ですね。その結果、淋しさ、孤独という気持ちも生じます。ですが、それらの気持ちがこころに抱えられれば、フロイト（一八九五）の言う「人生におけるありふれた不幸」に過ぎません。辛いけれども、健康なこころの状態を保っていられます。ですが、それらの苦痛な情動を抑圧し過ぎたり、投影し過ぎたりすると、こころの不調を招くわけですね。

愛情の系列では、基本的には「愛情が欲しい」という愛情希求が自然なこころの動き、ということになると思

います。

（2）不自然なこころの動き

a　抑圧系列：甘えない

不自然な場合ですが、抑圧系列の場合でシンプルなのは、「甘えない」ということではないでしょうか。「依存しない」「頼らない」も同様ですね。甘えたい気持ちをぐっとこころの奥に閉じ込めてしまうわけです。

不安性障害の人たちに、甘えられないというこころの様態はよく見られますね。たとえば、ずっと自立してキャリアで生きてきた女性が不安性障害に罹ったりしてしまう。それも三十代、四十代になってからですね。それまでは若さも体力もこころの張りもあって、心身ともに頑張りが効いたのだけれども、壮年期に差し掛かり、頑張りだけではこころも身体も支えきれなくなるわけですね。ただ、もともとの性格が甘えたりしない頑張り屋だから、なかなかモデルチェンジができない。

そういう時に、親との関係をやり直そうと親に接近したり、あるいは親しい異性関係を持とうとしたりするんですが、なかなか甘えられない性向が強くて相手に気持ちがうまく伝わらなかったりするわけですね。結局、「甘えたくても甘えられない」事態が起きてしまう。それは、小さい頃に親に甘えたくても甘えられなかったことの反復強迫ですね。幼少期から持ち越されてきた未解決のこころの葛藤に、壮年期に差し掛かって突き当たり、発症するわけです。

ちなみに「甘え」の抑圧を神経症の病理の中心に置いた分析家が、土居健郎先生（一九七一）です。土居先生は、神経症ばかりでなく、日本人のこころの中核を形成する普遍的な性向としても、「甘えたいけど甘えられない」という抑圧系のモデルを据えました。これも時代を反映しているかもしれませんね。昭和の時代は確かに抑圧系の「甘えられない」心性が時代を反映していたのだと思います。甘えを頑張りによって置き換えてきた、高度経済成長を下支えしてきた心的情況と言えるかもしれません。

b　分裂-投影系列：見捨てられ不安、迫害的罪業感

分裂-投影系列では、基本的に悪い対象関係が優勢ですから、「愛情希求」よりも「愛情不安」の方が表面化しやすいです。すなわち、愛情と攻撃性が激しくスプリットしますので、愛情不安も中和化されず、自己に耐えられないような強烈な不安と化します。境界例などで、時に理想化に基づいた強烈な愛情希求が見られることもありますが、これも基本的にはスプリッティング機制に基づいており、迫害不安を防衛するための理想化という側面が強いです。したがって、分裂-投影系列の場合には、基本的に「愛情不安」が中心ですね。その代表格がいわゆる「見捨てられ不安」というものです。

愛情不安が対象に投影されると、「結局誰も彼も私のことを見捨てるんだ」というような、見捨てられ不安が生じます。これは、「愛されないかもしれない」という不安を、こころの中に置いておけないわけですね。置いておければ、単に「愛されない私」という辛く悲しい自己認識になるだけです。それが置いておけないから、他者に激しく投影されて見捨てられ不安をもたらすわけです。

話が少し逸れますが、結局こころの健康というのは、苦痛な情動や考えをこころの中に置いておけるかどうかにかかっているところがあります。抑圧にも投影にもひどく頼らずに、たとえどんなに辛かろうとも、「愛され

ない」という心的苦痛に耐えられ、こころが狭隘化しなければ、健康なこころでいられるわけです。もちろん私は理想的な話をしているわけで、現実には辛いことに何でも耐えられるようなスーパーマンはいませんが……。

さて、境界例の人たちは、日常的な人間関係が小さなというか、彼らにとっては小さくでもないんですが、見捨てられ不安の連続です。遊ぶ約束ができなかったとか、自分との関係をいちばんに優先してくれなかったとか、そういう情況って日常的に普通にあるわけですね。いつも自分の方が優先されるわけではないし、相手には相手の都合があるわけですから。そういう対人情況で、ことごとく見捨てられ不安を抱き傷ついているわけです。そして、逆に恨みがましくなって、攻撃的な気持ちを掻き立てたりしています。

こうした見捨てられ不安は、幼少期の親子関係に還元されるというのが、対象関係論や精神分析の考え方です。親との関係の未解決の葛藤が現在の人間関係に持ち越されている、ということになります。親との関係で、幼少期から愛してもらえないという不安に晒されていた、ということです。

たとえば、母親がいつも兄の方ばかりひいきして、兄がお気に入りだった、と。自分に対してはいつもどこか冷たいと思いながら育った、というようなことが語られたりします。現実に本当にそうだったかどうかというのは、ある意味どちらでもいいことなんですね。ただ、その当人が主観的にそう体験してしまっているとしたら、それはもうれっきとした心的現実となるわけです。外的現実に起こったことと意味や重みとしては変わらないわけです。本人にはそう体験されているわけですから。

さらに、そのような見捨てられ不安と絡んで、「自分はどうして母親に愛されないんだろう」という思いも生じます。その場合、「愛されないのは自分がどこか悪いせいだ」という意味づけがなされることが、たびたび見られます。つまり、自責的あるいは自虐的に自己の問題に引き付けて理解されるわけですね。これを「押し付けられた罪悪感」、あるいは「迫害的罪業感」と言ったりします。

迫害的罪業感は、パーソナリティ障害の不安としてよく見られるものです。「見捨てられ不安」と「迫害的罪業感」は、コインの裏表のような関係にあるといってもよいでしょう。

3　怒りの系列

（1）自然なこころの動き：適度な怒り

怒りの場合ですね。自然なこころの動きとしては、適度な怒りですね、普通に腹が立ったということです。ですが、これもやはり適度ということが大事ですね。いつも怒っていたり、まったく怒らなかったり、どちらも不自然です。

どの程度が適度かというのは、だいたい感覚的にわかりますよね。怒ってもそれほど後を引かなかったり、修復できたりするような程度の怒りですね。もっとも日本人は、怒りの表現が苦手ですから、割合我慢することが多いですけれども。

（2）不自然なこころの動き

a　抑圧系列：我慢、怒らない、温厚過ぎる、几帳面過ぎる

不自然な動きとしては、抑圧系列では「いつも我慢してしまう」、「怒らない」ですね。あるいは「温厚過ぎ

る」、「几帳面過ぎる」などの性格傾向としても見られます。つまり、単に怒らないばかりでなく、反動形成として逆のパーソナリティ傾向を発展させたり、強迫的パーソナリティを形成したりしていくというような、怒りの防衛の仕方です。

温厚だということで、こんな方がいました。若い頃から温厚で誰からも好かれるようなやさしい女性でした。それで「いいお母さん」「いいおばあちゃん」になって、ニコニコして孫にも好かれるいい余生を送っていたんですね。孫の相手もよくしてくれて、「いいよ、いいよ」といつも慰めてくれるようなおばあちゃんだったんです。そこで人生を終えた方が、その方にとって幸せな人生だったのかもしれません。

ですが、残念なことにそのおばあちゃんは、その後認知症になってしまったんですね。そうしたら、パーソナリティ変化が起きてしまいました。もう片方の潜在していたパーソナリティみたいなものが出てきたんですね。そのパーソナリティが、童話に出てくるような実母と継母の対比のように、もとのパーソナリティとは見事に違った、継母的なパーソナリティだったんです。とにかく意地が悪くて、「金を盗まれた」、「お前たちはわざと飯を食べさせない」、「わしを利用している」など、何かにつけ悪く受け取って、ひとの悪口を言うわけです。もともとがいいおばあちゃんだっただけに、ショックを受けたのは家族や孫ですね。「ほんとうは、そんな風におばあちゃんは私たちのことを思っていたんだ」と、とてもショックを受けてしまいました。

なんとも気の毒な話ですね。

認知症によって、ある意味裏のパーソナリティが出てきてしまったとも考えられるケースです。これはネガティブな情動を抑圧していた劇的な例ですね。

b　分裂-投影系列：激しすぎる怒り、迫害不安

分裂-投影系列では、やはり根底に愛と憎しみが激しくスプリットしていますので、怒りが激し過ぎることが生じやすいです。その上、往々にして「対象が自分のことを悪く思っている」、「不当に扱っている」などといった、被害的認知が発生し、さらにそれを打ち負かそうとして、余計に怒りも過剰になったりするわけです。悪い対象関係の悪循環ですね。

こうした被害的認知は、「迫害不安」と言い換えることができます。「自分はまともに相手にされないダメな人間だ」などの悪い自己像がそもそもこころの中にあり、その自己像を現実の対象に投影してしまい、迫害不安と化すというメカニズムです。

もっとも、このような悪い対象関係の悪循環が、さらに「激しい怒り」として焚き付けられる場合もあれば、むしろ対象から攻撃される恐怖の方が強くなり、ひとを避けたり、引きこもったりする場合もあります。こうした迫害不安はどちらに転んでも不思議ではありませんし、引きこもっていたひとが一転して急に激しい怒りを向ける場合にも、このメカニズムが介在しているわけです。

精神病レベルに近いスキゾイドのひとで、他者に対して迫害不安を抱くばかりでなく、動物に対しても嫌われる不安を覚えるひとがいます。犬が自分を見る目つきが他のひとへの目つきとは違うというんですね。「飼い犬が自分に対しては目を逸らせる」というんです。「自分は犬からも嫌われるような人間だ」、「動物にも好かれる要素がない」という風に、とても自己否定感が強いひとでした。そうなると、自己否定感がさらに投影されやす

くなりますから、ますます自分は嫌われるような人間だという、負のスパイラルが起きやすくなります。

4　自己愛の系列

自己愛的なひとは、近年多くなってきています。ですから、「自己愛の系列」として取り上げてみました。ここでお話しするのは、自己愛が傷ついた場合です。それが自然に体験される場合と不自然に体験されている場合とで、どのような違いがあるかをお示ししたいと思います。

(1) 自然なこころの動き：傷つき、みじめ感、向上心

自然な自己愛の動きとしては、それが得られなかった場合には、傷つきやみじめ感が起きますよね。「褒められたいのに褒められなかった」、「称賛されたいのにそうならなかった」という時に自己愛の傷つきは体験されます。その場合、正直に自己愛的な傷つきを認められるひとは「傷ついた」と言いますよね。それは自然な表現です。傷ついて悲しくなったり、辛くなったりするのは自然なことです。

そればかりではなくて、「次はもっと頑張ろう」、「自分の力が足りなかった」という反省や向上心に向かっていく場合もあります。それは自己愛の健康な昇華と言っていいのではないでしょうか。

(2) 不自然なこころの動き

a　抑圧系列：平気、傷つきのなさ

不自然な場合で言えば、抑圧系列ですと、傷つきを否認するわけです。あるいは、「もともと褒められたいなんて思っていなかった」というように、傷ついていないふりや平気なふりをしたりします。

還暦近い男性です。ある時から目がチカチカして、それで「自分の力を充分に発揮できない」、「もっと自分は仕事もできるのに」と言われるんですね。眼科に行っても異常はないので、心理的な要因も考えられるということで精神科に紹介されてきました。「目のチカチカさえなければ……」という訴えでした。

お話を伺ってみると、苦労人で家が貧しくて進学できなかったところを、働きながら夜間高校に通い、管理職にまで昇り詰めたひとでした。モットーが「未だ青年将校の気概あり」というもので、「歳は取っても気持ちは青年将校ですから」と言われます。といっても、本当に青年将校だった経歴はないのですが。「目のチカチカさえなければもっと力を発揮できる」といって、その症状がその方にとってはとても残念なことだったのです。

心理療法を始めていくと、青年将校の気概を棄てるわけにはいかないという想いとその裏にある幼少期の淋しかった記憶が蘇ってきました。母親が働き者で、「甘えてはいけない」という母親だったのです。ですから、彼が母親に認められるには一家を支えるような立身出世をして、一角のひとになるほかなかったんです。その裏には、給食費も小学校に持っていけなくて惨めな思いをしても、母親に話すこともできなかったというような、自己愛の傷つきがさまざまにあったのです。けれども、それを青年将校というこころの中のアイデンティティで防衛してきたひとでした。

当時、私よりも随分と年上の方でしたが、私には、「青年将校」としていつまでも自分を奮い立たせざるをえない、

その方の悲哀が伝わってきて、なんとも切ない気持ちになったことを覚えています。もっとも伝わってきたのは、「悲哀感」ばかりでなく、「鼻持ちならなさ」も伝わってきましたので、いつも共感的だったわけではありませんでしたが。

青年期的な上昇志向で生きてきたひとだったのですが、目のチカチカという症状は、もう齢も重ねてそれが辛くなっていることの、身体の悲鳴みたいなものだったんですね。この方の場合は、健康な自己愛の範囲内だと思われます。その証拠にセラピストの私には、切なさや悲哀感が非言語的に伝わってきています。悲哀感が伝わるというのは、このクライエントの中には抑うつポジションのこころのあり様が存在していることを示しています。ですから、基本的には、神経症レベルの方だと思われるのです。

b　分裂-投影系列：自己愛憤怒、いじめ、引きこもり

ひところ、自己愛的なひとの怒りの激しさを形容するのに、「自己愛憤怒」という言い回しがなされることがよくありました。ちょっとした自己愛的な傷つきでも耐え難くて、不自然なほど激しい怒りを対象にぶつけるわけです。その結果、迫害不安として跳ね返ってきて、さらに攻撃し返すという怒りの悪循環になる場合もありますが、最近では、自己愛の傷つきは、対象に対するいじめに発展したり、逆に引きこもったりする場合が多くなっているでしょう。

いじめの場合は、自己の中の惨めさや傷つきを、弱く見える対象の中に押し込めようとするこころの働きです。対象をいじめて、対象が苦しめば、自己の弱さは自分の中にはなくて、対象の中にあるように体験され、自己の側は高揚感を味わいます。そうした関係性を力ずくで作り上げ、いじめることによって自己の傷つきを対象

に押し込め、自己の側は高揚感を体験する倒錯的手段とも言えます。ですから、いじめも自己愛的傷つきの投影の文脈に入れることもできるわけです。

引きこもりの場合は、社会全体が自己を傷つけるモンスターと化しますので、社会への参入がとても怖くなります。惨めな思いをさせられるぐらいなら、いっそ社会とは関わらず、自宅に閉居していた方が、まだましだというわけですね。惨めになるなら引きこもっていようということです。

四十代で、すでに二十年近く引きこもっている男性が面接にやってきました。その方の外見は、いわゆるロンゲで髪を後ろに束ね、マスコミか何かの業界人風でした。だから、結構格好いいんですね。

そのひとがなぜ引きこもったかというと、もともとマンガ家志望で、高校を出た後、ある有名な作家の助手に付いたんです。高校時代に賞を取ったりして、そこそこ腕は認められていましたから、助手になれたわけです。でも、その業界は、徒弟制というか、上下関係が厳しくて、師匠の言うことは絶対だし、ちょっと間に合わなかったりすると怒鳴られたり、扱いが手荒かったわけです。それで彼は一カ月も立たないうちに辞めてしまいました。マンガ家になろうという強い決意で上京したにもかかわらずです。

彼の口癖は「いやになっちゃうよ」でした。その後も何度も仕事やアルバイトに就こうとしたのですが、すぐに辞めてしまいました。理由を聞くと、注意されたり指示されたりすると、すぐに「いやになっちゃう」からでした。だから、家で小遣いをもらう程度で生活していて、ときどき気が向けばマンガを雑誌に投稿したりして生活していました。ですが、基本的にはずっと家の中に引きこもっているひとでした。

彼は、叱られたり認められなかったりした際の惨めさをこころの中に置いておけず、それをひどく納得のいかないことととして、他者の自分に対するひどい扱いのせいにしていました。彼にとって、社会とは不当に惨めさを突きつけてくるモンスターだったわけです。私は、話を聴いていて、何とも言えない情けない気持ちになりました。

この男性のように、最近は自己愛といっても、いわゆる薄皮の自己愛と言われるような、こころの中で密かに傷つくのを怖れるようなタイプが増えてきたように思われます。ローゼンフェルト（一九八七）やギャバードなどが提唱している自己愛の概念です。このひとたちは、自分を主張して否定されたりするのが怖いから、自分を出さないのだけれど、こころの中のプライドは高くて密かに傷つき、人間関係や社会から引きこもってしまうんですね。

これと逆のタイプなのが、厚皮の自己愛で、いわゆる押し出しが強いタイプです。自分が認められるためには、自己主張が強かったり、ごり押ししたりします。目立ちたがりで、他者を自分の手足のように使うタイプですね。ワンマン社長とか利権好きの政治家の中にいるタイプですね。

第三節　象徴や置き換えからこころの動き方を知る

本節では、こころの動き方として、ことばに託された表現からその含意を読み取る、というテーマを扱いたいと思います。それが「ことばによる象徴や置き換え」です。

ことばの意味は多層的だという観点からすると、子どものプレイと成人のことばによる表現は、ほぼ同義的なものと考えることが可能です。子どもはプレイによって自らの内的空想や情動を表現しますが、大人の場合はそれをことばによる表現に置き換えるわけですね。

本節では、ことばによって表現される象徴や置き換えを、前節と同様に「喪失」「愛情不安」「怒り」「自己愛」のテーマに分けてみました。これは私がクライエントとの面接を重ねる中で、臨床実感として区分した象徴のテーマです。これも「抑圧系列」と「分裂-投影系列」で表現のされ方が違うと思いますので、それぞれ別々に説明してあります。

また、抑圧系列、分裂-投影系列ともに、その防衛の程度の強弱により、より意識化された状態から無意識化された状態へと、スペクトラムが考えられます。したがって、それぞれの系列ごとに、どのようなスペクトラムが考えられるかについても、簡略に説明しています。

1　喪失系列のテーマ

（1）抑圧系列

a　抑圧のスペクトラム

〈大事なひとやものを喪った ⇳ ものをなくした ⇳ なくしたけど気にならない〉

喪失のテーマですと、抑圧を被らない素直な情動体験は、「大事なひとやものを喪った」というような悲哀体験になります。「喪って悲しい」、「残念だ」というような気持ちになります。これは抑圧があまり効いていない素直な気持ちです。

抑圧が働くにつれて、ことばの表現やそれに伴う情動体験も偽装されていくわけですね。偽装されたり、別の表現に置き換えられたりしていく。ですから、大事なものではなくて、単に「ものをなくした」になっていくわけです。さらにもっと抑圧が強くなれば、「なくしたけど気にならない」みたいな表現になる。なくしたことに対する喪失感も意識されないようになりますね。

抑圧系列の喪失は、そうしたスペクトラムになるのではないでしょうか。

ですが、抑圧の場合、こころの中に喪失に伴う悲哀感は留まっているわけですから、ことばでは表現されなくても、次の陳述例に見られるように、どこかしみじみとした情感が伝わってきたりします。

b　象徴や置き換えの陳述例

例◆恋人との別れが象徴された例

長年使ってきて使い古した財布を最近落としてしまった。さっさと新しいのを買えばいいんだけど、いまだになんとか見つからないか探し続けているんです。私って諦めが悪いんです。

恋人との別れという辛さを直接体験するのでは苦し過ぎるので、「恋人」が長年使い古した「財布」に置き換えられています。財布に象徴された恋人への未練や名残惜しさが滲み出ています。じかに恋人と別れたという話をするのは、しんどいわけです。だからこうして、知らず知らずのうちに財布の話に置き換えて表現されることもあるわけですね。

抑圧系列では、聴いている側にも悲哀感がじんわりと伝わってきたりします。セラピストでしたら、しみじみとした共感的な気持ちになるような、逆転移として感じ取られるところかもしれません。

（2）分裂-投影系列

a　投影のスペクトラム

〈大事なものを喪った ⇕ つまらないものだった ⇕ なくしてむしろよかった〉

分裂-投影系列ですと、自己の苦痛な情動をスプリットさせ、その上で対象に投げ込んでいくような性質がありますので、同じように大事なものを失ったという感じがあったとしても、抑圧系列とは体験のあり様が違ってきます。つまり、自分の中の「なくした感」を、対象に押し込み、対象を逆に辛くさせようとするみたいなところがあります。たとえば、「なくした愛はつまらないものだった」と脱価値化していくわけですね。「あんなつまらないもの、なくしてよかった」という風に。

ですから、こうした投影が強くなっていくと、寂しさは滲んできません。それどころか、むしろ対象をこき下ろすような話になっていく。「もともと好きじゃなかった」、「あんなくだらない男とは別れてせいせいした」などですね。どんどんこき下ろしていって、自分の中の惨めさを徹底的に排除していく、というやり方です。その結果、別れた相手の側に寂しさ、悲しみ、やるせなさなどが残されるわけですね。

分裂-投影系列の場合、セラピストには悲哀は伝わりにくく、むしろ殺伐とした気持ちになったり、苛立たしい気持ちになったり、ネガティブな逆転移が起きやすいように思われます。

b　象徴や置き換えの陳述例

例◆恋人との別れが象徴された例

ポンコツの車で自損事故起こしちゃって、買い換えようと思っていたところだったから、ちょうどよかったんです。車は好きだからどんどん新しいのに買い換えたいしね。

「ポンコツの車」が恋人を表象しています。「ポンコツ」「買い換え」「ちょうどよかった」など、次々と対象を脱価値化していますね。とどめが「どんどん新しいのに買い換えたい」です。価値のないものだから、喪っても惨めで悲しく感じることもない、ということです。

抑圧系列とはニュアンスが違いますね。抑圧系列の場合は、どこかで押し殺した悲哀が滲んでくるものです。分裂-投影系列は徹底して悲哀を排除しようというニュアンスが強いですね。そのために相手を利用したり、こき下ろしたりして、自己の排除した悲哀や惨めさを対象に代理体験させようとするところがあります。

2　愛情系列のテーマ

（1）抑圧系列

a　抑圧のスペクトラム

〈愛されたい ⇕ 甘えてはいけない ⇕ 愛情を求めない ⇕ 愛情はいらない〉

愛情系列を考えると、こんな感じになるでしょうか。まず、自然な感情としての「愛されたい」という気持ちがありますね。ただそれが抑圧を被ると、「甘えてはいけない」、「愛情を求めない」、さらには「愛情はいらない」というように、「愛情が欲しい」というこころの動きをどんどん抑え込んでいくことになります。

それがパーソナリティのあり方として恒常的なものになれば、「甘えたことがない」、「自立して生きてきた」というような生き方になります。

これらは愛情のごくシンプルな抑圧の系列ですね。

ところで、フロイトはリビドー発達論と成人後のパーソナリティ傾向とを結び付け、パーソナリティの類型を考えましたので、ご参考までに紹介します。

愛情系列に属するフロイトの性格論として言えば、「口唇期性格」だと思われます。口唇期性格とは、甘い物好きとかおしゃべり好きとか依存的な性格ですね。愛情を口唇期的な欲求とか快感によって置き換えているわけですね。ですから、もともとはミルクやおっぱいという甘いものをあまりもらえなかったのかもしれません。もらえる量が不足していて余計に甘いものを求めるようになったひとたちと言えるかもしれませんね。

これがさらに、口唇期後期になり攻撃性が混じってくると、「いつも食ってかかる」、「皮肉ばかり言う」、「すぐかんしゃくを起こす」など、愛情希求と欲求不満からくる怒りのアンビバレンツが出現してきます。口唇期後期とは、フロイトの弟子のアブラハムが発展させた考え方ですが、この時期には乳房との分離が課題になりますので、おっぱいがもらえないことへの怒りも起きやすくなるわけですね。そうなると、この時期に固着（発達の停止）が生じたりすると、単に甘いものが欲しいというより、もらえないことに対して、「食ってかかる」というような、甘えの裏返しみたいなパーソナリティ傾向も発展しやすくなるわけです。

さて、抑圧系列の象徴や置き換えの陳述例として、どのようなものが考えられるかということで、親子関係を象徴した例を次にあげました。

b　象徴や置き換えの陳述例

例1◆愛情希求が象徴された例

捨て猫の赤ちゃんってかわいそうですよね。いつもお腹をすかせていて、しかもミルクをくれる母猫もいなくて。かわいそうなんで、家で飼い始めることにしました。

「お腹をすかせたかわいそうな捨て猫」が、愛情に飢えた自己の一部を置き換えた象徴になっています。抑圧の場合には、自己の中にそもそもの情動が留まっているものですから、象徴化された対象との間に繋がりや関連が見出されやすいですね。この場合は、「かわいそうな捨て猫」と「愛情に飢えた自己」との繋がりが見えやすいです。

ところで、お気づきの方もおられるかもしれませんが、これは、投影や投影同一化の文脈でも説明できます。

つまり、自分の中にお腹をすかせ愛情を求めている自己部分が存在し、それを子猫の中に投影して、子猫の中にかわいそうな自己部分を見出しているわけですから、投影同一化の機制とも言えます。ただ、この場合は「良性の投影同一化」ですね。つまり、共感に繋がるような投影同一化によるこころの働き方です。

本節では、抑圧系列と分裂-投影系列とを分けて説明していますが、ここで取り上げている分裂-投影系列というのは、悪性の分裂-投影の方と考えていただいてよいものです。悪性になるほど、自己部分が自己の中に留まらず、ひたすら対象へと排出されていきます。特に自己の中に置いておけない苦痛な情動や思考は、ひたすら排除されますから、自己との繋がりが失われてしまう。悪性の投影同一化は、自己と対象との繋がりが失われ、対象だけがそれらの苦痛な感情を抱え込んでいると認知されるような、こころの情況を呈しています。

それに比べ良性の投影同一化は、自己の中から苦痛な情動や思考がまったく排除されてしまうわけではなく、こころの中に保たれている。そうした意味で、良性の投影同一化は、自己の側の抑圧機能が働きながらも、さらに別に投影同一化も機能していると考えてもよいように思われます。そのため、単に自己の苦痛な情動や思考が対象の中に排除されるばかりではなく、対象との間に苦痛な情動や思考を抱えたもの同士としての「共感」も生まれやすくなるこころの情況なわけです。

したがって、この例でも、抑圧の置き換えや象徴という文脈でも理解できますし、もう一方では愛情に飢えた部分がこころの中に留まりながらも投影が働き、子猫との間に共感的な繋がりが生まれているという「良性の投影同一化」の文脈でも考えられるわけです。

例2◆愛情が財布に象徴された例
　長年使い古した財布って味わいがありますよね。つやも出てきて、しわや傷があるのだけれども、年輪が刻まれているような気がしますね。

「使い古した財布」が自己を象徴しているとも言えますし、よい内的対象を象徴しているとも言える例です。いずれにしろ、このひとの愛着の形が、加齢による痛みよりも、付き合うほどに味わいを増す感性の在り方であることを示しています。
　愛着がこころの中に留まり、つまり抑圧系列として機能し、その上で対象に愛着を感じ取っていく良性の投影同一化が働いているとも考えることができます。
　このように抑圧系列の象徴や置き換えは良性の投影同一化の文脈で理解できることも少なくありません。

（2）分裂‐投影系列

a　投影のスペクトラム

〈愛されたい ⇕ 見捨てられるに決まっている ⇕ ひとは信用できない〉

　分裂‐投影系列になると、抱えきれない苦痛な情動や思考を対象に強力に排出していく機制ですから、悪い対象関係が雪だるまを転がすように膨れ上がったりしていきますね。といいますのは、見捨てられるに決まっているという不安を対象に投影していけば、実際に対象のことが怖くなり、さらに見捨てられるのではないかという不安は増強します。そうなると、対象のことがますます怖くなって、一層見捨てられ不安が強まるという悪循環の坩堝に陥ります。

また、同じ見捨てられ不安を抱えていたとしても、それを防衛するために理想的な愛情を求めていくパターンもありますね。つまり、対象を理想化し、自分の理想どおりの対象を貪欲に求めるパターンです。いつも自分のことを見守ってくれて、依存できるような、自分だけの理想的な対象を求めるパターンです。裏側に強力な見捨てられ不安があるゆえに、理想化によって防衛しようとするわけですね。

この場合も、結局は自分の思い通りではない対象の姿がいずれ見えてくるわけですから、そうなると今度は一転して、「やっぱりこのひとも私を裏切った」というように、理想化がひっくり返って、根底にある見捨てられ不安が強烈に浮上してきます。そうして結局は、見捨てられ不安の悪循環に陥ります。

それが象徴や置き換えの例として挙げるとどうなるか、次に見ていきましょう。

b　象徴や置き換えの陳述例

例1◆愛情不安が象徴された例

捨て猫って親からもかわいがられず、捨てられたんですよね。ざまあみろと思って見ていたら、猫の方もぼくにまったくなつかない気がした。

愛情不安が捨て猫の中に投影されています。しかもそこには共感的な繋がりは生まれておらず、「ざまあみろ」

という風に、愛情不安は激しく自己の中から排出されています。その結果、猫の方も「まったくなつかない」というように、猫からも嫌われるという迫害的対象関係が生じています。ここでは猫の話として話されていますが、これが人間関係であってもまったく同じことが起きてしまうわけですね。

次の例として挙げたものは、愛情不安がものに象徴された例です。

例2◆愛情不安が財布に象徴された例

使い古した財布がいいって言う人がいるけど、僕にはわからないな。新品のほうがいいに決まっている。古くなったらどうせ捨てられる運命にあるよね。

この例では、自己の愛情不安が「使い古した財布」に託されています。先の例よりは、愛情不安はそれほど激しく排出されていませんが、ここでも古いものは捨てられるというように、被害的感覚がきざしています。抑圧系列の例とは違って、長年関係を維持する中で生まれる愛着というようなものが脱価値化されています。その結果、「どうせ捨てられるに決まっている」というような殺伐とした心境に至っています。

こうした分裂-投影系列では、自己の中に存在している「本当は愛情が欲しい」というような苦痛な感覚はどんどん排除されます。むしろ愛情希求が弱さや駄目さ加減の証しになり、「どうせ捨てられるに決まっているから、求めたって無駄だよ」みたいに、愛情希求は激しく脱価値化されたり、排除されたりします。そうなると、結局愛情は遠ざかり、悪い対象関係が強化されていくことに繋がるわけですね。

3　怒り系列のテーマ

（1）抑圧系列

a　抑圧のスペクトラム

〈怒りたい ⇕ 我慢する ⇕ まったく怒りを感じない ⇕ いつも穏やか〉

怒りのテーマですけども、これも抑圧系列と分裂－投影系列があります。怒りのスペクトラムで考えると、抑圧が強まるほど、怒りを我慢するから、「怒りを感じません」みたいになって、「いつも穏やかなひと」です、といったパーソナリティにまで行き着いたりしますね。

ところで、リビドー発達論の観点から、フロイトは先ほどの口唇期性格とともに、肛門期性格についても述べています。肛門期性格は、よい面では自律的というか、自分で自分のことをきちんとする、いわゆる「自分の尻拭い」ができるひとです。それが、だんだんと偏りが出てくると、潔癖も度が過ぎたり、頑固すぎたり、杓子定規だったり、倹約過ぎたりに至ります。

肛門期性格の人たちは、自分のこころの未消化物である怒りをいつもきれいにしていたいわけですね。杓子定規さは、型通りの秩序を頼みにして、怒りが飛び出て来ないように支配しようとしているわけですね。頑固さもそうですね。自律的というのは、自分の中の情動、特に怒りを自分で律しようとする、つまりコントロールしようとする営みと考えられます。こちらはアブラハムの言う肛門期後期に相当します。怒りの「便秘状態」です。また、肛門期性格でも、アブラハムの言う前期になると、肛門サディズム期とも呼ばれ、怒りの「下痢状態」になります。つまり、「だらしない」「ルーズ」「汚したい」などの性向として表れます。前期の場合は排出の方が主となるわけですね。コントロールすることができなかったり、投げやりになってしまったりするんですね。抑圧の範囲に属するにしろ、防衛が未熟で怒りを堪えきれずにぶちまけたりしてしまうタイプです。

b　象徴や置き換えの陳述例

例1◆こころの空間が部屋に象徴された例

家の中がきっちりきれいに整理されていると、落ち着きますね。なにか余分なものがないというか、ほこりやごみも出てこなくて。

こころの空間が部屋の中に象徴された例です。部屋の中にほこりやごみがないというのは、こころの中に汚いもの、つまり怒りなどがない、ということですね。怒りとは限らないかもしれませんが、こころの中の不純物や汚れたものをいつも整理している、綺麗にしている、ということを言い表しています。

例2◆怒りの処理が掃除に象徴された例

掃除をするのが大好きで、徹底的にきれいにするんですね。この前は炊飯器のお釜をたわしでごしごし洗っていたら、力を入れすぎてお釜のコーティングが剥げてしまった。

こころが「お釜」に象徴されています。お釜のコーティングが剥げるほどに、力を入れて残り物を一掃しようとしているんですね。この方は、普段はいつもニコニコしていて、明るくて活発な方なんですね。でも、超自我がとても強いひとで、自分の考えを正しいものとしてひとに押し付けるようなところがありました。いわゆる正義のひとなんですね。正義のひとというのは、自分のこころの中の悪いものは、すべてきれいにして、こころの押入れに閉じ込めてしまっているのかもしれません。そのため、いつも自分はクリーンなこころなので、他者にもそれを求めたり押し付けたりするのでしょう。

この方は、怒りがこころの押入れに入り切らなくなると、とても怒りっぽくなって、周囲に敬遠されていました。

例3◆抑制的な自己が陶器に象徴された例

焼き物というか陶器が好きなんですね。何年経ってもじっと佇むように形も変わらないまま、そこに存在して。内にずっと耐えているようないぶし銀の味わいがありますね。

怒りの抑圧が陶器に象徴された例です。じっとそこに存在している陶器の佇まいに、この方の存在のあり様が伝わってきます。いぶし銀からは、感情を抑制しじっと耐えている印象を受けますね。そういう自分の理想像が語られているのかもしれません。必ずしも怒りの気持ちばかりではないかもしれませんが、気持ちを耐え黙々と仕事に打ち込む職人気質のひとにありそうな例ですね。

（2）分裂-投影系列

a　投影のスペクトラム

〈怒りを感じる ⇕ 私はダメな人間だ ⇕ 怒られる ⇕ 皆が私のことをひどく責める〉

投影系列の怒りのレベルは、悪い対象関係の悪循環の中で、被害的に怒りが増幅されていく形をとりやすいです。こころの中に怒りが存在しているというよりも、「自分はダメな人間だ」、「悪い人間だ」というように、自己に向かった攻撃性、すなわち自己否定感の形を取りやすいです。ですから、怒りという限定されたものではなくて、もっと広汎なこころの中の「排泄物」と言った方が適切かもしれません。それが対象に投影され、「皆が自分のことを駄目な奴だと思っている」、「皆が自分を軽蔑している」というような迫害不安になり、それに対して被害的な怒りを募らせるという悪循環が形成されます。否定的な情動の実質が自己の内部ではなく、どんどんと他者に帰属させられていくわけですね。

精神病のレベルになれば、その投影に基づく被害感が特定の他者ではなくて、不特定の他者、つまり誰彼なくひとが自分のことを「監視している」、「盗聴している」など、際限のない被害感として拡散していくわけです。大規模な投影同一化になるわけですね。

b　象徴や置き換えの陳述例

例1◆こころの排泄物がゴミに象徴された例

家の中がゴミ屋敷みたいに散らかっているんです。あちこちにゴミやら汚いものがごちゃごちゃいっぱい散らかっていて。いつかゴミの山に部屋を占領され、追い出されるかもしれない。

部屋がこころを象徴し、汚いゴミに占拠されているような情況を呈しています。「ごちゃごちゃ汚いもの」というのは、こころの中の汚いもの、つまり排泄物ですね。それが全部外在化されていきます。外在化されて、しまいにはゴミ屋敷に占領されるという迫害的世界が現出しています。投影したものに報復されるという、悪い対象関係が見出されます。

例2◆こころの排泄物が疾病恐怖に象徴された例

電車のつり革が触れない。バイ菌か何かが付いていて、それが手や口から僕のなかに侵入してきて、ひどい病気を引き起こすんじゃないか。

こころの排泄物が疾病恐怖に象徴されています。「電車のつり革が触れない」、「バイ菌か何かが付いていて、それが手や口から自分の中に侵入してきて、ひどい病気を引き起こすんじゃないか」という、いわゆる疾病恐怖ですね。バイ菌というのは、自分の中の害毒であり、怒りとは限りませんけれど、何か汚いものですね。こころの中の汚いものが排除され外在化されて、逆にバイ菌として自分を攻撃したり攻め立てたりしてくるという、被害的情況を呈しています。

4　自己愛系列のテーマ

（1）抑圧系列

a　抑圧のスペクトラム

〈私はほどほどに価値がある ⇕ 私はありきたりの人間だ ⇕ 私には魅力がない ⇕ 私は恥をかくのが怖い〉

自己愛のテーマですけれども、自己愛にもスペクトラムが考えられます。ここでは、自己愛的願望の視点ではなく、臨床でたびたび見られるように、自己愛の傷つきをどう防衛するかという観点から解説したいと思います。

抑圧系列で言えば、「私はほどほどに価値がある」というのが普通の健康的な自己愛だとします。ですが、これが満たされないほどに、自己愛の傷つきを避けるために防衛が働くわけですね。「私はありきたりの人間だ」というのは、自己愛がいささか傷ついている状態と言えるかもしれません。さらに自己愛が傷つけば、「私には魅力がない」、「恥をかくのが怖い」といった、自己萎縮的なパーソナリティのあり方になっていくかもしれません。

自己愛的な傷つきを怖れるあまりに、人前で話すことが怖くなる疾患として、社会恐怖症としての赤面恐怖がありますね。抑圧系の神経症としては、代表的なものではないでしょうか。抑圧系ですと、自己愛の傷つきが

「恥」として意識されやすいと思われます。

自己愛的なテーマがパーソナリティのひとつとして表れたものとして、フロイトは男根期自己愛性格、いわゆるヒステリー性格に言及しています。目立ちたがり、うぬぼれ屋、派手、自己中心的、男らしさ・女らしさの誇張というような特徴が並び立つパーソナリティです。自己愛的な願望を誇示しようとする性向ですね。

このパーソナリティが、自己愛の傷つきの方に流れていくと、小心、劣等感の強さ、自尊心の傷つきやすさといった、自己萎縮的特徴が表に出てきます。ここでは、自己愛のテーマをこちらの文脈で解説しています。

b　象徴や置き換えの陳述例

例◆自己愛の傷つきが枯れた花に象徴された例

とても大事にしていたきれいな胡蝶蘭がとうとう枯れてしまったんです。だんだん色褪せていって、最後はしなびた情けない姿になるんですね。

胡蝶蘭が女性的な美を象徴しています。それがしなびることに対して、自己愛の傷つきとしての「情けなさ」を覚えるわけですね。

抑圧系列ですと、自己愛の傷つきに伴う「悲しさ」「憐れさ」がどこか伝わってくるところがあります。それというのも、そうした悲哀感が当人のこころの中に留まっているからこそ、相手側にもしみじみとした情感として伝わるわけですね。分裂-投影系列ですと、惨めさや悲哀感はこころに留まらず、激しく排出されるので、対象側が惨めな気持ちにさせられたり、苛立ちを覚えたりして、共感的な気持ちにはなり難いものです。

（2）分裂-投影系列

a　投影のスペクトラム

〈私はほどほどに価値がある ⇕ 私はひとに認められない ⇕ 私が認められないのは、周囲の見る目がないからだ ⇕ どうせ私は貶されるに決まっている〉

分裂-投影系列の自己愛のテーマですと、やはり対象を巻き込んだり利用したりします。自己愛の傷つきを防衛するために、利用できる他者が必要になるわけですね。その結果、自己愛の傷つきからくる「惨めさ」を対象に押し付けたりします。あるいは逆に、「自分は貶されるに決まっている」など、自己愛の毀損感から被害感を強くする場合もあります。臨床的にはこちらの方が、多いかもしれませんね。

いずれにしろ、投影系列の場合、自己愛の傷つきをこころの中に抱えきれなくて、それをスプリットさせ、対象に激しく投影していくわけです。

b　象徴や置き換えの陳述例

例◆自己愛の傷つきが枯れた花に象徴された例

胡蝶蘭が枯れてみすぼらしい姿になったから、何かいらいらして腹が立って、急いでごみ箱に捨てた。たかが花なんで、枯れたら捨てればいい話だから。

分裂-投影系列の象徴や置き換えの例を考えますと、みすぼらしくなった対象に対して、さらに攻撃を加えるような形で、自分の中の傷つきを激しくぶつけていったりします。自己愛の傷つきを自分の中ではなくて、対象側に帰属させたいわけですね。

これらはいじめの場合などにも当てはまります。相手を惨めにすることで、自己の惨めさを対象に押し付けていくわけです。近年の無差別殺傷事件などでも、自分の中に惨めさがあるけれども、それはもう耐え難くて、ひとを傷つけ惨めにすることで、自分の中の惨めさを激しく取っ払おうとしているところがあります。このように分裂-投影系列ですと、嫌なものを相手に押し付けていくわけですね。

以上で、第三章の「こころの動き方を知る」を終わりたいと思います。それぞれのテーマや系列ごとに、語られている内容のニュアンス、表現のされ方、聴く側の感じ方の違いなど、感じ取っていただければと思います。実際の臨床の中では、これらのことを念頭に置いてクライエントの話を聴いているわけではありませんが、背景のマトリックスとしてこころの中に描かれていると、クライエントの話を聴く中で自ずと感性の働き方が違ってくるかもしれません。特にクライエントの話からどんなニュアンスの情動が伝わってくるかという、「逆転移の感知」に繊細さがもたらされるかもしれません。

では次に、「見立て」から「面接方針」をどう組み立て、どう伝えるかのテーマに移りたいと思います。

第四章

見立てから面接方針へ

第四章では、第一節「見立てをまとめる視点」、第二節「面接方針を立てる」として、その考え方の概略を述べます。第三節では、「見立てから面接方針への実際」として、臨床素材を基に具体的に解説していきたいと思います。

なお、第二節の「面接方針を立てる」では、対象関係論的心理療法の適応となりやすい「神経症圏」「パーソナリティ障害圏」に的を絞ってお話ししますが、第三節の「見立てから面接方針への実際」では「精神病圏」も含めました。理由は、精神病圏のクライエントの病歴、生育歴がどのように語られるのか、参考までに具体例を示したかったからです。対象関係論的心理療法の対象にはならないかもしれませんが、臨床情況によっては、精神病圏の方の支持的面接を請け負うことはあります。参考にしてください。

また、今日その数の増加とともに看過できない問題である自閉スペクトラム症は、本書の守備範囲を超えますので、今回は対象としないことにします。いずれ別企画にて、自閉スペクトラム症圏に関しては、刊行したいと考えています。

第一節　見立てをまとめる視点

1　幼少期から反復されている対象関係の発見

対象関係論における見立てとは、クライエントのこころのシナリオがどのように動いているのかを、まず見極めるところから始まります。こころのシナリオというのは、そのひとの人生を揺り動かしている無意識の未解決の葛藤から形成されています。それは形を変え、人生において何度も反復します。なぜなら、未解決の葛藤というのは、こころの中で昇華されないので、解決を求めて何度も人生において浮上するからです。

その未解決の葛藤の原型が早期母子関係に起源を持つことは、すでに述べてきたところです。それは、幼少期から成人になっても形を変えて繰り返されますし、面接場面でも転移として繰り返されます。ですから、未解決の葛藤から成るこころのシナリオを見極めることは、転移として展開する面接経過の予測にも繋がるわけです。

さて、未解決の葛藤とは、どのような不安を内的に抱え、それをどのように防衛しているかという視点から判断します。それは次項で述べるように、「抑圧系」か「分裂-投影系」かによって、大いにその質が違ってくるところです。

2　想定される未解決の葛藤に関して

未解決の葛藤に関してですが、それが「抑圧系列」なのか「分裂-投影系列」なのか、という視点が要点になると思われます。それによって、クライエントの病態や面接経過が違ってきます。すなわち、抑圧系列なら基本的に神経症圏の病態ですし、分裂-投影系列ならパーソナリティ障害圏、さらには精神病圏まで視野に入ります。特に精神病圏ですと、投影の対象が特定されず、「無名の他者」といった大規模で拡散した投影の様相を呈します。

面接経過に関してですが、抑圧系列ですと基本的に自己の情動や考えはこころの内に留まっていますので、転移もそれほど激しくならないのが一般的でしょう。自分の中の抑え込まれている情動がセラピストとの関係を通してどう発見されていくか、意識化されていくかという点がポイントになります。ですから、抑圧系列の場合ですと、フロイト由来の「無意識の意識化」という一者心理学的なニュアンスがより濃くなります。

分裂-投影系列ですと、クライエントは自己の中の抱えきれない苦痛な情動をスプリットさせ、セラピストに盛んに投影してきます。その投影のされ方には、およそ二種類あり、不安を投影するタイプと不安の裏側の願望を投影するタイプに分けられます。前者の場合ですと、セラピストに対する怖れ、猜疑心、被害感を向けてきます。後者のタイプですと、セラピストへの理想化が代表的です。いずれにしろ、セラピストは投影の盛んな受け皿となりますので、逆転移もさまざまに掻き立てられます。それに持ちこたえながら、逆転移も手掛かりにし、クライエントの苦痛な情動やスプリットされた情動を見定め、クライエントに耐えられる形で伝え返していくのが、基本的な関わり方になるところです。

なお、未解決の葛藤の内容に関しては、抑圧系列ですと、基本的に自己の一部の情動や考えを意識化できずにこころの奥に閉じ込めている様相を呈します。具体的には、不安性障害は「甘えたい」というような依存の抑圧、強迫性障害は「腹が立つ」というような攻撃性の抑圧、としばしば言われるところです。もっとも必ずしも、このようにパターン化して想定されるばかりではありませんが。

分裂-投影系列ですと、苦痛な情動や考えは、自己に関わる広汎な内容となっています。つまり、抑圧系列のような自己の一部の情動という限局された範囲ではなく、自己像全般に関わる内容となっています。具体的には、「自分は愛されない」という見捨てられ不安や「自分はダメな人間だ」というような自己否定感などです。抑圧系列に比べ、自己の存在意義全般に関わる根源的不安であることがおわかりになると思います。その分、その耐え難さも強烈なだけに、こころの中に留め置けなくて、スプリットされ激しく投影されていくわけですね。

3　抱えている困難（病気）に対する全体的理解

「反復されている対象関係」の形とその裏にある「未解決の葛藤」が推測されれば、クライエントの抱えている困難に関する全体的理解の仮説が立ちます。

抑圧系列なら、こころの奥深くに「甘えたい」「腹が立つ」などの情動や考えが閉じ込められており、それを表現することに対する超自我不安や禁止が強いので、甘えたり怒ったりせずに、自己抑制的な生き方になりやすいです。具体的には、何事も甘えずに頑張って生きてきたひとだったり、いつもきちんと礼儀正しく生きてきたひとだったりします。自己の情動や考えの一部が強固に抑圧されているがゆえに、そのようなパーソナリティ傾向が恒常的に形成されていくわけです。ただ、その防衛が硬くて柔軟性がないので、神経症を発症したりすることになります。したがって、抑圧系列の神経症の場合には、抑圧の緩和がセラピーにおいて目指されるところとなります。

分裂-投影系列ですと、先ほども言いましたように、自己像全体が損傷を受けています。「自分は愛されない人間だ」、「ダメな人間だ」といったように、とかく自己像や対象像も一面的で単眼的な見方になります。それというのも、スプリッティング機制が強烈なためです。ですから、自己像全体、対象像全体がよいか悪いかに偏ります。したがって、分裂-投影系列ではスプリッティングの緩和がセラピーにおいて、まずは目指されるところとなります。すなわち、投影されてくる情動や考えを、セラピストはそれと受け止め、その内容をクライエントの受け止めやすい形にして返すか、あるいは投影されてきた情動や考えのもう片割れ、つまり、スプリッティングされたもう一方の情動や考えを伝え返したりします。具体的には、次節にてお話しします。

第二節　面接方針を立てる

1　見立てに添った面接方針

(1)　神経症圏——自己の一部の機能不全

先ほども述べましたように、見立てが決まってくると、面接の方針がはっきりしやすくなります。抑圧系列の神経症圏なら、基本的に抑圧の緩和が面接方針となります。「甘えたい」「腹が立つ」などの情動がなかなか意識化されずに、こころの奥に閉じ込められ、クライエントの意識とこころの奥の情動との繋がりが悪くなっているわけです。そこの通じがよくなり、「私の中にこんなに甘えたい気持ちがあったんだ」、「怒りたい気持ちがあったんだ」ということに実感を持って気づいていくことが必要になります。

そこに対象関係の文脈がどのように入り込んでくるかというと、「表現されない自己部分」に圧力を加えているのが「表現させない対象」という、超自我対象です。この超自我対象は、すでにクライエントのこころの中に存在している内的対象ですが、セラピーが始まれば、セラピストに転移されてきます。したがって、セラピストの前でも容易には「甘えられない」「腹を立てられない」といった風に、気持ちを緩めることができなくなります。ですから、たとえば、セラピストは、「私との関係でも甘えられないんですね」といったような解釈を用い、転移を扱いながらも抑圧を緩めるという手法を考えます。

もちろん一概には言えませんが、神経症の転移やそれを扱う解釈は、このように比較的シンプルです。なぜなら、神経症は自己像全体が損傷されているわけではなく、よい自己像、つまりアイデンティティが概ね確立されているので、自己の一部の情動や考えが抑圧を被るに留まっているこころの情況だからです。ですから、抑圧されている自己部分は限局されているので、そこにシンプルに解釈を持っていきやすいわけです。シンプルでダイレクトに解釈していっても、自己像全体の屋台骨が折れるわけではないから、セラピストとしては、ある意味安心して痛いところを突けるわけです。「あなたは私に腹が立っても、抑えてしまっているかもしれない」と解釈しても、クライエントの自己像全体を脅かすことはなく、むしろ「いつも我慢してしまう自分」がセラピストから理解される体験として受け止められやすいのではないでしょうか。

また転移もパーソナリティ障害ほどには激しくならないのが通常です。なぜなら、苦痛な自己部分は限局されているので、こころの中に抱えられ、それほど投影機制に頼らないからです。「本当はセラピストにも甘えん坊の自分を見せられない」、「セラピストに対して批判するのを我慢している」といった類の転移が展開し、そのレベルでの依存や攻撃性を転移解釈において取り扱うという面接経過になりやすいでしょうか。

セラピストの逆転移も、そうした転移に相応してそれほど扱い難いものにはならなくて、保護的な性質になりやすい傾向が見られます。それというのも、神経症のレベルですと、対象に対して基本的な信頼感が形成されているからです。ですから、それに応じたセラピストの逆転移も、援助の手を差し伸べたいという友好的な気持ちになりやすいのだと思います。

ただし、局面によっては、陽性逆転移が沸くばかりではありません。抑圧中心の方々ですから、なかなか気持ちが表に出てこなかったり、理屈っぽかったりして、特に面接初期にはセラピストは飽き飽きとすることがあります。ですが、傾聴する中で次第に抑圧が緩んで来れば、クライエントのこれまで抑えてきた心情に共感的な気持ちになりやすく、陽性逆転移の方が動きやすくなるのではないでしょうか。

ですから、神経症の面接方針は、傾聴と転移解釈による抑圧の緩和となります。

（2）パーソナリティ障害圏——自己像の損傷の広汎性

a　アイデンティティの形成不全

分裂‐投影系列のパーソナリティ障害のレベルですと、自己像の損傷の範囲や程度は広汎に及んでいます。ですから、損傷された自己像をどのように修復するのかが面接のポイントとなります。なぜなら、自己像の損傷の程度が大きいと、苦痛な情動や自己部分をこころの中に抱え込むのは難しいわけです。その結果、悪い自己像を対象に激しく投影して対象像が悪いものとなり、それがさらに自己を迫害してくるというような、迫害的対象関係の悪循環が形成されやすくなります。ですから、自己像の損傷をいかに修復するかは、パーソナリティ障害のセラピーの肝になる、と私は考えています。

換言すれば、分裂‐投影系列のレベルでは、よい自己との繋がりが弱かったり薄かったりしているのです。よい自己との繋がりは、アイデンティティ形成に寄与し、自己像を強固にします。すなわち、「私は世話好きだから保育士が向いている」、「人間関係のドロドロは嫌いだけど、自然のような純粋なものが好きだから科学者になる」など、アイデンティティというのはよい自己像の延長です。その形成が弱いと、対象からの攻撃や自己攻撃（自己否定感）に耐えられるだけのこころの器が形成されず、自己像全体が激しく傷んでしまうのです。ですから、内的なよい自己との繋がりの回復は、パーソナリティ障害のセラピーにおいてはとても肝要になるところです。

もっともこのことは、パーソナリティ障害に限りません。精神病にしろ自閉スペクトラム症にしろ、重い精神障害のひとたちは、よい自己との繋がりが弱く、自己像や自己価値が激しく傷んでいます。そこが修復されないと、精神病なら強い被害念慮、自閉スペクトラム症なら二次障害という、悪い投影の悪循環からなかなか免れ難いのではないでしょうか。

また、重い精神障害のセラピーにおいては、対象像の修復が課題としてよく論じられるところです。たとえば、境界例ですと見捨てられ不安を解釈して、セラピストから見捨てられるというクライエントの空想を修正していく必要性が強調されます。確かに対象像の修復も大事であることに変わりありませんが、私が思うに、自己像の修復に勝るものではありません。その理由としては、ふたつほど考えられます。

まず、悪い対象像というのは、概して悪い自己像が投影されたものです。あるいは、悪い自己像が投影された結果、より悪く見えているものです。ですから、自己像が修復されないと、結局その投影の悪循環は修正され難いものとなります。その意味で悪い自己像の修正の方がプライマリーなのです。

もうひとつの理由は、臨床上の事実に由来します。すなわち、対象像は修正されても自己像はちっとも修正されないケースが少なからずある、ということです。たとえば、セラピストは優しくてよい対象に修正されたとしても、自己像は相変わらず駄目で劣った存在のままということが稀ならず起きます。その場合、駄目で劣った自己は、優しいセラピストの庇護を得られなければ生きていけず、幼児的依存から抜けられなくなります。

自己像と対象像は連動していると言われますが、対象像の修正の方がまだしも容易で、自己像の修復の方が往々にして困難なのです。ですから、境界例のセラピーなどでは、対象はよい存在になっても、自己はいつまでも劣った存在として、セラピストにしがみつき、逆に自己の自律性がどんどん低下していってしまう面接経過は珍しくありません。

b　マルチプルな転移

自己像の修復には、いくつもの課題を面接の中で扱うことが必要になり、神経症のようにシンプルな面接経過にはならないのが通例です。

まず、自己像の損傷のされ方には、いくつもの形があります。ざっと挙げてみましょう。「愛されない自己」「恨みで一杯の自己」「ダメな自己」「幼児的自己」「万能的な自己」等々です。最後の「万能的な自己」は「ダメな自己」を防衛するために、スプリッティング機制に基づいて形成された病理的自己像です。

それらが悪い自己像とすれば、それと対になって悪い対象像が形成されています。「愛されない自己」―「見捨てる対象」、「恨みで一杯の自己」―「報復する対象」、「ダメな自己」―「軽蔑する対象」、「万能的な自己」―「脱価値化された対象」、「幼児的自己」―「万能的対象」等々です。

このように自己像の損傷が広汎なだけに、対象との関係性も混乱したものとなり、扱う転移も複雑になります。ですから、セラピストとの関係も、神経症のようにシンプルなものではなく、マルチプルラインとなります。すなわち、セラピストとの関係の表ではセラピストのことを激しく攻撃していても、裏では密かに別の関係性が動いていたりします。たとえば、「セラピストは冷たくてひどいひとだ」と攻撃したとすると、裏では「セラピストにはとても温かく親身になってくれるひとであってほしい」というような、別の情動が伏流水のように流れています。逆もまた同じです。「セラピストは今まで出会ったことのない優しいひとだ」と理想化したとすると、裏では「でもきっといつか裏切られるだろう」という不信の影が付きまとっています。

これがスプリットした対象関係ということです。いつもスプリットしたふたつの関係性が、多重チャンネルのように同時に動いているのです。

こうしたスプリッティング機制が比較的読み取りやすいのは、境界例です。彼らは、セラピストを理想化したかと思えば、思い通りでないと途端に脱価値化したりしますね。または、ふたりのひとをこちらは優しいひと、あちらは冷たいひとなど、極端に色分けしたりします。たとえば、病棟などに入院したりすると、この看護師さんは「よいひと」、あちらの看護師さんは「冷たいひと」など、スプリットした対象関係を持ち込みます。ですから、常にスプリットした対象関係の両側面に注意を払い、扱うことが必要になるわけです。

スキゾイドのように対象からの情緒的引きこもりを特徴とするケースの場合は、境界例ほどにはスプリッティング機制が表に表れません。むしろセラピストからも引きこもり、情緒的関わりを避けます。つまり、境界例のように理想化や強烈な対象希求のような願望を投影してくる側面は、表に出てこないのです。

しかし、彼らの内界もスプリットしています。全体に薄く膜を覆っているような迫害不安が、セラピストとの関係によって緩和してくると、スキゾイドのひとたちにも、セラピストに向けた対象希求性が植物の芽のように育ち始め、弱々しいけれども瑞々しく、顔を覗かせてきます。その時表出される対象希求の世界は、一方の迫害不安とは対照的に、純化された清い関係性が希求されていたりします。飼い犬からも目を背けられ嫌われていると思っていた青年は、ひとへの愛情の兆しを感じ出した時に、前思春期的で非性的な男女愛を想い描いていました。そこには性のような欲動的な不純物は一切排除されていたのです。

いずれにしろ、このスプリッティング機制が緩和されないと、悪い自己像の激しい投影プロセスも同じく緩和されません。それには転移解釈がとても重要になります。そこでスプリッティングや投影の解釈を行っていくのです。

しかし、ここにジレンマがあります。なぜなら、彼らはそもそもこころの器に抱えきれないために、スプリッティング機制を発動させているわけです。そこを単に「あなたの私への理想化の裏には実は怒りがある」などと、単純にスプリッティングを転移解釈していったところで、うまくいきません。なぜなら、苦痛な情動や自己像を受け入れられないからこそスプリットさせているわけですから、そこをそのままに解釈していったところで、再び強引にそれらを押し戻そうとしているような仕業にもなりかねません。特にスプリットされたアグレッションの解釈に関しては、注意を要します。

境界例のセラピーなどでよくある展開として、「洞察は進んだが、自傷行為が頻発し状態はさらに悪くなった」というものです。なぜそういうことが起きるかというと、否定的自己像などを結果的に無理やりこころの中に押し戻しているからです。「私の中にはセラピストに対するこんなにも悪い考えがあった」、「私は悪い人間だ」といったように、「洞察」の結果さらに自己像が酷くなっていることが起きているからです。

このように、パーソナリティ障害のひとたちは、自己の中に悪い情動や考えを受け入れられるだけのこころの器が充分に強固ではありません。ですから、まずはこころの器の強化、つまり自我強化が必要になるのです。そうしないと、こころが軋み、終いには底割れしてしまうのです。

c　内的マネージメントとしての自我強化――内的なよい自己との繋がり

自我強化の考え方には、さまざまあるところでしょう。本書では、広く「内的なよい自己との繋がり」という観点で考えます。それによって、苦痛や攻撃性を受け止められるだけの「こころの器」を強化する、ということです。ネガティブな情動や考えを受け止めること、換言すればスプリッティングの緩和のための準備段階として自我強化を図るわけです。ネガティブな情動や考えをこころに抱えられるようにするための自我強化です。換言すれば、攻撃的な自己像・他者像で狭隘化しているこころの世界に、「複眼の視点」によって、「よい自己との繋がり」を見出そうとする作業です。

このことは、従来の精神分析の考え方に従えば、技法の修正（パラメータ）に相応します。すなわち、クライエントの年齢や病態水準に合わせ、精神分析的な理論や技法を柔軟に適用させようとする考え方です。私自身もこの考え方は、今日においても有用性が高いと考えます。なぜなら、すでに何度も述べているように、転移-逆転移を純粋に扱い、「生の触れ合い」を解釈を用いて促進させようとする「純金の精神分析技法」だけでは、パーソナリティ障害レベルのクライエントの「こころの器」は底割れする危険性が高いからです。

私は、ここで述べる「自我強化の視点」とは、クライエントのこころに対する「内的マネージメント」の視点だと考えています。マネージメントは、何も外的な環境や治療構造の整備に属する試みばかりではありません。クライエントが苦痛な情動を抱えられるための、まずは「内的マネージメント」も、病態水準によっては必要になるのです。

「内的マネージメントとしての自我強化」に関して、これまで本書で論じてきたことも踏まえ、以下五点ほど挙げたいと思います。

（ア）内的なよい感覚世界との繋がり

境界例やパーソナリティ障害の中の一部のひとたち、あるいは精神病圏のクライエントなど、自我が極めて脆弱なひとたちにおいては、彼ら自身のこころの中で、心地よい感覚を感じることすらままならないことが珍しくありません。こころの中が不快で、陰鬱で、暗い感覚に満ちており、心地よい感覚の入り込む余地が極めて乏しかったり、スプリットしていたりします。こうした内的情況においては、内的なよい自己どころか、内的なよい感覚すら、実感されることが困難です。したがって、まずは「内的なよい感覚」の回復から始める必要があります。

「内的なよい感覚」とは、D・N・スターン（一九八五）の言う「生気情動」に近いものと考えてよいでしょう。すなわち、ひとそれぞれが持つそのひとらしい雰囲気です。ものうげだったり、軽やかだったり、のんびりしていたりなどの、そのひとがもつ空気感と言ってもよいでしょう。こうした「自分らしさ」の根を形成すると思われる原初的なよい感覚すら、自我の脆弱なクライエントには実感されるところが極めて乏しかったりします。

では、心理療法の中で、これら原初的感覚はどのように表れるのでしょうか。

こうした原初的感覚が面接室の中で生まれるとしたら、とりわけ面接当初は、非言語的な関係性に拠る部分が大きいでしょう。具体的には、スターンの言う情動調律のような関わりです。セラピストは、クライエントの雰囲気や空気感に波長を合わせ、相槌を打ったり話を聴いたりするように務めます。たいていは、ゆったりした雰囲気の中で、セラピストはクライエントに関わるように務めます。私にもこんな臨床経験があります。

パーソナリティ障害の女性が性的外傷体験に遭いました。彼女の破壊性は生々しく、相手の男性を今にもナイフを持って刺しに行くか、はたまた、自分が汚らわしいと、自らの胸を突き刺さんばかりの勢いでした。セラピーにおいては、彼女の怒りを解釈することは、危険すぎて到底かなわぬことでした。なぜなら、彼女の破壊性は具象的でしたので、怒りを解釈することが即危険な行動化に直結する可能性が強く危惧されたからです。クライエントは、自分は汚れたにも拘らず、なおかつ性的欲望を感じることに、強く絶望し、彼女の内的世界は悪い感覚一色に染まっていました。

この情況で私が選択したのは、彼女のこころの中の傷つきにことばを送ることでした。「ほんとうは優しさを求めたのに、それが性的に利用され、こころの中がひどく傷ついたのでしょう」というような解釈でした。そうした解釈を穏やかな調子で伝えるように務めました。彼女は少しずつ、自らのこころの傷つきを見ていくことも可能になり、「汚らわしい自己」とともに「傷ついた自己」へのいたわりの感覚もこころに置いておける余地が生まれてきました。

こうした経過の中で、彼女の中に「内的なよい感覚」も生起するに至ったのです。彼女の内的世界は、未だに悪い感覚が優勢なスプリットされた世界でしたが、その雲の合間を縫うように、よい感覚が顔を覗かせるようになりました。具体的には、「おいしいお茶」という、彼女を感覚的にほっとさせてくれる嗜好品が出現したのです。彼女は、おいしいお茶を飲むと、気持ちが安らぐと言って、お茶を飲むことを一日の楽しみとするようになりました。「おいしいお茶」とは、非言語的なよい感覚世界に繋がる具象物です。こうした「内的なよい感覚」の出現は、汚れたもの一色で染まった彼女の内的世界に、緩衝地帯を形成し、彼女の攻撃性は生々しさを減じていったのです。

この臨床素材では、破壊性の背後にある「こころの中の傷つき」への眼差しとともに、「おいしいお茶」に象徴される「内的なここちよい感覚の出現」がセラピーの展開のポイントになりました。後者に関しては、おそらくは面接空間そのものが持つ「空気感」に繋がる感覚だったのかもしれません。私たちの面接空間が、「お茶を嗜む場」に通じた雰囲気を醸成していたのかもしれません。その結果、彼女は「おいしいお茶」という自らを癒すことのできる「移行対象」を獲得して行ったと、理解されなくもありません。

こうした「内的なよい感覚」の獲得のためには、非言語的な雰囲気に頼るばかりでなく、非言語的な雰囲気を言語化して伝えることも大切でしょう。たとえば、上記の臨床素材でしたら、破壊性に満ちたこころの状態ながらも、毎回面接にやってくるクライエントに対して、「こころが傷ついて血を流しているような状態ながらも、ひとときでも安心できる空間を求めて、この面接にやってこられるのでしょうね」などと伝えてもいいかもしれません。面接空間そのものが持っている非言語的意味を解釈する手法です。

いずれにしろ、まずは、よい感覚世界が生起しないことには、攻撃性を抱える器の素すら築かれない、ということです。それが、原初的なよい感覚世界の出現として考えられるのです。

（イ）対象希求性の解釈

一概には言えませんが、「内的なよい感覚」が芽生えるようになると、悪い感覚世界一色で覆われていた内的世界に、「よい感覚」「悪い感覚」、あるいは「よい対象」「悪い対象」、さらには「よい自己」「悪い自己」というように、スプリッティングされた世界の輪郭が次第にくっきりしてきます。すなわち、よい内的世界が悪い内的世界から救い出されるようになり、その結果こころの中の明暗がはっきりしてくるのです。先の臨床素材でも、「おいしいお茶」のほかに「お気に入りのぬいぐるみ」「改心して優しくなった母親」など、よい対象が登場してくるようになりました。その一方で「掃除機の音」「性的外傷の相手」「昔いじめられた同級生」など、悪い対象世界も分割され整理されるようになりました。

しかし、未だよい世界は脆弱です。ふたたび悪い対象世界の雲にすっぽり覆われやすいものです。こうした局面で、よい対象やよい自己への手ごたえを強化するためには、スプリットされた対象希求性から解釈していく方が無難でしょう。すなわち、クライエントの内的世界が、未だ悪いもので汚染されがちで、セラピストに対しても被害的不安を抱きやすい心的情況なら、その影に隠れているセラピストへの信頼の芽から解釈していくわけです。たとえば、「私との関係で傷つけられないかと怖れながらも、私との関わりの中で安心した関係を築きたいと、今日も面接に来られたんですね」などです。こうしてネガティブな対象関係一色で、狭隘化したクライエントのこころに、別の気持ちを掘り起こし、こころの体験世界を広げようとしているわけです。

また、「対象希求性の解釈」は、よい対象を求める心情自体に焦点を当てているというよりも、よい対象を求める裏には、よい関係を育みたいと思っている「よい自己の芽」がすでに存在していることに焦点を当てようとしているのです。すなわち、「よい対象との繋がり」よりも、こころの中の「よい自己との繋がり」を目的としているのです。それが自己像の修復に繋がるからです。こうした解釈によって、悪いもので汚染されたこころの中にも、よい芽を育てることのできる自己が存在することに、解釈の重みを置くわけです。

なお、この局面で、破壊性から解釈するのは、危険でしょう。何度も言いましたように、クライエントの否定的自己像の増強に拍車をかけかねません。

(ウ) 考え判断する力の強化

スプリッティングされた世界が次第に輪郭をはっきりさせ、「よい世界」と「悪い世界」が立ち現れてくるようになると、往々にしてクライエントは、よい対象世界を強く希求したり、セラピストを理想化してきたりします。なぜなら、こころの中に芽生えた対象希求性は、未だスプリッティング機制が強力に働いているので、攻撃性は過酷になりやすく、愛情の方は理想化されやすいからです。

この理想化の局面でセラピーにおいて起きやすいのは、クライエントが考えや判断をセラピストに預けてしまおうとする態度です。具体的には、何かとアドバイスを求めたり、セラピストの言うことに従順に従ったり、クライエント自身では考えようとしなかったりするような態度です。

とりわけ依存的で未熟なケースにおいて、セラピストが励ましやアドバイスを送り、結果的にそれが彼らのセラピストに対する依存性を高め、「自分で考え判断する力」を弱化させていくことがあります。そうなると、クライエントはますますセラピストに判断を仰ぎ、セラピストが彼らの人生の肩代わりをしていくような体に陥りかねません。

私たちセラピストは、自我の弱いクライエントを前にすると、「助けてあげたい」という気持ちのあまりに必要以上に手を差し伸べ、逆に彼らの主体性を損ねていないか、注意する必要があるのです。そうした陥穽に陥らずに、しかもクライエントの自我強化に手を貸すには、クライエントが問いを投げかけてきた時には、まずはクライエントの考えから訊く必要があるでしょう。あるいは、セラピストの伝え返したことばに対して「あなたは私の言ったことに対して、どう思いましたか?」など尋ねていく姿勢が必要とされます。そうすることによって、少しずつ「自分で考え判断する力」を育んでいくわけです。

こうしたセラピストの姿勢は、境界例セラピーに限らず基本的なこととして認識されているとは思いますが、境界例のような自我の弱いクライエントを相手にすると、セラピストには「教えてあげたい」というような逆転移が強く掻き立てられますので、余計に注意する必要があるわけです。つまり、彼らは「考え判断する力」をセラピストに預けてきてしまうので、セラピストも自己の有能感を刺激され、その誘惑に乗りやすくなるわけです。

ただし、クライエントがこうしてセラピストを頼りにしてくることは、何も否定的な側面ばかりではありません。クライエントが、理想化という病理にしろ、曲がりなりにも親的対象に対する依存や愛着を振り向けてきている局面でもあるわけです。対象に対する信頼が芽生えてきてもいるのです。ですから、アドバイスを求められてきたからと言って、いつも「あなたはどう考えるんですか」とそのまま返すような門切り型の対応ばかりでなく、アドバイスに答えながらも、そのアドバイスに対するクライエントの考えを再度訊くような、バランスのある対応がよいのではないでしょうか。

（エ）コンテイニング機能の育成

クライエントのスプリッティング機制の輪郭がはっきりしてくることに伴って、「考え判断する力をセラピストに預けようとする」ことの他に、もうひとつ生じる変化があるように思われます。それは、クライエントが自己の情動を「持て余す」ということです。「私の中にはこれほども貪欲に愛情を求める気持ちがあったんだ」、「私は母親をとても憎んでいたんだ」など、スプリットしていた情動と繋がってくるゆえに、逆にこころがそれらの情動を抱えきれなくなるわけです。そうなると、即座の欲求満足が求められたりします。なぜなら、未だスプリッティング機制は活発なので、自己の中の愛情飢餓感や憎しみも強烈に感じられ、それゆえ即座に飢餓を満たしてくれる理想化対象への欲求や憎しみを晴らすことへの欲求も強烈になるからです。そうなると、セラピストへの貪欲な愛情希求や無謀な行動化に繋がりやすく、セラピーが破綻の危機に瀕します。

ここで神経症レベルのセラピーとは違った観点が必要になります。

ときどき見かけるのは、パーソナリティ障害のセラピーにおいて、スプリットを解釈し、盛んにスプリットされていた情動を表出させようとするようなセラピーです。「あなたは私にとても依存したい気持ちがあるのですね」、「あなたは私への怒りを表現しないようにしていますね」といった類の解釈です。これらの解釈が一概に悪いわけではありませんが、こうした解釈によって、ひたすらクライエントの情動の表現を促しているなら、それはセラピストとしての考えが足らないかもしれません。なぜなら、パーソナリティ障害レベルの情動は、神経症レベルとは違い、スプリットしているだけに生々しくも激しいので、空想や思考領域に留まりにくいからです。すなわち、生々しい破壊性や依存性を意識化することが、こころの領野に収まらず、行動化に繋がりやすいことをセラピストはよくよくわきまえておく必要があります。たとえば、生々しい依存の意識化が、無鉄砲な性的行動化やストーキングに繋がり、生々しい破壊性の意識化が、ひどい暴力や自傷に繋がることは決して珍しいことではありません。

したがって、パーソナリティ障害のセラピーでは、スプリットされた情動や思考を意識化するばかりでなく、同時にこころに留め置けるようになることも、大切な課題となるのです。スプリットされた情動を意識化しながらも、同時に抱えられるようにもなるという、複眼的なセラピーの営みが必要となります。

たとえば、先と同じ類の解釈をするとしても、「あなたは私にとても依存したい気持ちがあるが、それを意識してしまうと自分の気持ちに歯止めがかからなくなると思い、自分の力で抱えようともしているんですね」、「あなたは怒りが私に向かないように、それを感じながらも一生懸命こころに抱えようとしているんですね」などの、「抱えること」も含み込んだ複眼的な解釈です。さらに、こうした複眼的解釈を行うには、セラピスト側にもクライエントのこころの抱え切れない痛ましさを、切に感じとられるような感性が必要とされることでしょう。

なお、こうした解釈をしても、クライエントにはピンとこないような場合には、私は直接クライエントに説明するようにしています。すなわち、「あなたは、これまで気づかなかった自分の中の激しい依存／怒りに気づくようになりました。今度はそれらの気持ちを意識しながらも、こころの中に抱えられるようになることが、次の課題になるかもしれません。気持ちを抱えられるようになれば、我慢できるようになり、ひととの関係も容易には壊れたりしなくなるでしょう」と言ったりします。

自我が弱い状態で気持ちの表現を促されることは、それが即行動化に繋がるような怖ろしいことでもあるのです。そのために、セラピストには「コンテイニング機能の育成」の観点が必要になるでしょう。

（オ）アイデンティティの芽の形成——良性の投影同一化を通して

最後に、これが一番クライエントの自我を強固にする類の内的な営みです。それは、「アイデンティティの芽」を育むことに関わります。自己の内的資質に繋がった、積極的な「よい自己像の形成」です。

よい自己像の形成というと、とかく「あなたにはこんなにいいところがあるじゃない」といったような、直接的なアドバイスや励ましのようなものが想像されるかもしれません。しかし、その程度の励ましでクライエントのよい自己像が育まれるなら、そもそもセラピーなど必要としないでしょう。家族や友人など、身近なひとがいくらでもその類の慰めとも助言ともつかぬアドバイスをしていることでしょう。パーソナリティ障害のアイデンティティの芽が育つのは、それほど容易ではありません。

そうしたアイデンティティの素を発見するには、私は最近ますます逆転移の果たす役割が重要に思うようになりました。クライエントの言動、あるいは非言語的に伝わってくる空気感から、私たちが何を感じ取るのか、あるいはどのような情動のさざ波を自らのこころに感知するのか、ということです。そこに案外クライエントのアイデンティティの芽が潜んでいたりします。

美しくもクールな雰囲気の漂う二十代の女性が、うつを主訴に心理療法を紹介されてきました。事情を聴くと、男性関係で付き合う度に共依存的な関係に嵌り、男性が彼女を束縛し、終いにはDVまがいの関係に陥るというのでした。ですが、私は話を聴いていて、わずかな違和感を覚えました。なぜなら、彼女の口元にはかすかに冷ややかな笑みが浮かんでいたからでした。この話には、どこか付き合った男性に勝ち誇ったようなニュアンスが感じ取られたのです。

面接が始まって次第に明らかになっていったのは、案の定彼女の方が、「ゲーム」を仕掛けていたことでした。彼女は、自分の中に強く潜む見捨てられ不安を防衛するために、それを投影できる男性を交際相手として選んでいました。その結果、逆に男性の方が見捨てられ不安を掻き立てられ、彼女にしがみついているという構図が見えてきたのです。

私は、彼女の繰り返しているその反復に、明らかに苛立ちを覚えました。そして、その悪いパターンを何とか変えようと急《せ》き込み、性急に解釈を繰り返しました。つまり、クライエントの繰り返している男性関係が、彼女自身の見捨てられ不安からくるもので、そのため男性の方を彼女にしがみつかせる関係を作ろうとしている。それに対して、彼女自身は無自覚で、セラピストである私の方が、やきもきさせられている、といった類の解釈でした。彼女はそれに対して、「さあ、どうでしょうか」といったような、取りつく島がないとも誘惑的とも取れるような反応を短く返すだけでした。

私はここにおいて、まさに彼女の男性関係を転移的に反復していたのでした。すなわち、私の方が必死になり、彼女に対して強引な解釈を繰り返し、その意味で彼女に「しがみついている」関係だったと言えます。私は転移に「絡めとられて」いたのです。

私はそのことに気づいてから、彼女の見捨てられ不安の底知れない空恐ろしさを感じました。私の解釈は到底彼女のこころの内奥には届き得ぬ、浅薄にも押しつけがましいものだったのです。

そうした気持ちで面接に臨むと、彼女は私との関係で「勝ち誇って」いるばかりではなく、彼女の目の奥にはかすかな悲しみの色が見て取れるように感じられました。私はそれまでとは違う角度から解釈する余地を手に入れていました。「結果的には関係をダメにしてしまったかもしれないが、付き合う男性はあなたに救いを求めていたのでしょう」。彼女はそれに応えました。「自分のことでは頑張れないけど、ひとのことでは頑張れた」。

私の解釈は共感的に彼女のこころに響いたようでした。その後の面接では彼女は幼少期からスポイルされてきた家族情況、それがもたらす底知れぬ孤独感をようやく吐露するようになりました。

その後、クライエントは自らの中に潜む、援助したい願望を建設的に用いる途を模索していくようになっていったのです。

この短い臨床素材からも、私の逆転移がさまざまに揺れ動いた一端がおわかりいただけるかと思います。パーソナリティ障害のセラピーでは、スプリッティングに基づく投影機制が活発なので、セラピストは否応もなく

「転移に絡めとられ」（松木、一九九八）ます。それに呼応して、セラピストの逆転移もさまざまに激しく揺す振られます。その中で大事なのは、セラピストが自らの逆転移に気づき、その気持ちをこころに抱えられるか、という点ではないかと思われます。

この臨床素材では、私はクライエントの交際相手と同じように、彼女に性急な関わりを求めていたと言えるでしょう。私の押しつけがましい解釈がそれを示しています。この時点で、私はクライエントのスプリッティング機制に乗せられ、私自身も自分の気持ちが見えなくなっていたと言えます。正確に言えば、「見えなくなっていた」というよりも、「気持ちがひとつになってしまっていた」という方が、ことの事情を言い当てているでしょう。私は「何とかしてクライエントに自分のしていることをわからせたい」と、いつの間にか気持ちが単純化し、「単眼の視点」に嵌り込んでしまったと言えます。これは私自身が、セラピストとして他の情動や考えを持ちえぬ、スプリットしたこころの状態に陥ったとも言えるでしょう。

私はそれに気付いたというより、我に返ったという方が当たっているように思われます。それとともに、クライエントの抱える底知れぬこころの闇に気づきました。彼女の見捨てられ不安は、それほど底なしの深淵のような怖ろしさを秘めていたのです。私は自らの浅薄な解釈に恥じ入りました。

私は、彼女が自らの孤独を強烈に男性に投影し、その対象を救うことで自己をも救おうとしていた、彼女のもう一面にも思いを馳せることが可能となりました。彼女は、たとえ共依存の病理に陥っていたにしろ、セラピストと同様に「援助したい願い」を持つひとであったことも、もう一面の真実でしょう。私の逆転移は、ようやく否定的側面ばかりでなく、クライエントの「願い」の側面も感知できたのです。

紆余曲折はしましたが、このようにクライエントのアイデンティティの素は、セラピストの逆転移からキャッチされることも珍しくないように思われます。

他にも逆転移によるキャッチの仕方には、さまざまな形があるでしょう。たとえば、クライエントの行動化が激しくて、どうにもならないうんざり感をセラピストが感じていても、どこかクライエントのことが憎めなかったりします。また被害的な対人認知に満ちていても、どこか青年期心性特有の痛々しさが感じられたりもします。これらの逆転移は、クライエントのアイデンティティの素をセラピストが感知し、その解釈に向けた第一歩になるのかもしれません。たとえば、クライエントの混じりけのない関わりを求める純粋な心根や青年期的なごまかしのない感性など、です。セラピストがキャッチしたそれらの非言語的メッセージは、セラピストのこころの中で漂い、場合によっては解釈として伝え返されることにより、クライエントのこころを内部から支えるアイデンティティの素として発芽する可能性を秘めています。

これが「アイデンティティの素としてのよい自己との繋がり」の視点です。

結局のところ、こうした「アイデンティティの芽」が育まれると、攻撃性が抱えられやすくなります。このクライエントもその後、付き合っている彼氏のことをセラピストが一面的にみている、と言って「正当な抗議」をことばにするようになりました。そうした「抗議」は、セラピストを攻撃することによって、報復の不安が増すような性質の悪いものでもありませんでした。「よい自己との繋がり」によって、攻撃性が緩和され、その結果投影機制も活発に作動しないので、セラピストとの関係においても、攻撃性が昇華された率直なもの言いが可能になったのです。

本項では、「アイデンティティの芽の形成」と逆転移の利用に関してお話ししました。セラピストは、クライエントのことばに耳を傾けるばかりでなく、クライエントと対峙している自らのこころにも、ことさら耳を澄ます必要があるのでしょう。その際、セラピスト自身も「単眼の視点」に陥る罠に気を付けねばならないのです。

d　特殊なスプリッティングの一形態——情動的思考のスプリッティング

先に「マルチプルな転移」の中で、スプリッティングの形態として、「よい自己／対象」と「悪い自己／対象」がふたつに分かれたり、「よい自己／対象」の裏に「悪い自己／対象」が伏流水のように流れていたりするあり様についてお話ししました。通常、こうしたスプリッティングを扱う場合、スプリットしたもう片方の自己／対象を体験できるように関わります。たとえば、「あの看護師は優しい、こちらは冷たい」というような対象像のスプリッティングであれば、ひとりのひとの中にある優しい面と冷たい面を両方体験できるように関わっていくところでしょうし、ひとりのひとが優しいひとから冷たいひとに脱価値化された場合も、同様な関わりが必要とされます。これらはとりわけ転移を通して解釈されることが必要だとされたものです。

私は臨床経験を重ねるうちに、従来から言われているこうした自己像／対象像のスプリッティングとやや形態を異にするスプリッティングが存在すると思うようになりました。それは、「情動的思考のスプリッティング」と言ってもよい性質のものかもしれません。認知行動療法で言えば、「中核信念」のようなものです。

たとえば、先の性的外傷を蒙った女性例でいえば、彼女がオールバッドにしていたことのひとつとして、マスターベーションに伴う信念がありました。性的外傷を受けたにも拘らず、マスターベーションによって快感を覚えてしまうのは、救いようもない「悪いこと」だったのです。

他にも、こうした例には事欠きません。ある自己愛的な女性は、何にせよ自分の「思い通りにならないこと」が、とにかく「嫌なこと」として忌み嫌われていました。その結果、生活を思い通りにしようとして強迫的な儀式に苦しんでいました。洋服の着方や食事の仕方ひとつとっても、「思い通りに」ならないと一日中救いようのない気分に落ち込んでいたのです。

もっと軽い例でいえば、神経症レベルのひとでも、「ひとに迷惑をかける」ことがとても怖れられたりもしています。なぜなら、ひとに迷惑をかけることは、相手にとっての負担にしかならず、いいところが何もないと信じられているからです。

これらの「信念」は、当人の身になってみれば、わからない話ではありません。性的外傷を受ければ、マスターベーションの快感は汚らわしくなるでしょうし、「思い通りにならないと嫌」という心性は、多かれ少なかれ誰しも思い当たるところですし、親の苦労を見て育てば「迷惑をかける」ことが怖れられるようになったとしても不思議ではありません。

ですが、これらに共通するのは、「そうなったら救いようもない」という強い信念がすべて貼り付いていることです。その信念の強度、純粋さにおいて、これらの信念はスプリットした考え方、あるいは皮相的で単眼的な考え方と言っても、間違ってはいないでしょう。

もっとも、これら情動的思考の出所を辿れば、悪い自己像と繋がってはいます。ですが、もう少し思考の水準に特化したスプリッティングの特色を有しています。悪い自己像から派生した「病的思考」と言ってもよいでしょう。この情動的思考のスプリッティングは、「硬い信念」を形成しているので、面接の進展を妨げる岩盤となりやすいものです。その岩盤に阻まれ、面接が情動の領域にまでたどり着けなくなるのです。

私は、こうした病的思考に関しては、クライエントに対して、「他の考えは浮かびませんか」と尋ねます。たとえば、「マスターベーションに関して、汚らわしい以外の考えは浮かびませんか」、「思い通りになることに関して、それがすばらしい以外の考えは浮かびませんか」、「迷惑をかけることに関して、悪いこと以外の考えは浮かびませんか」などと問い掛けていきます。クライエントはそう問われると、「それ以外の考え方などあるわけがない」といった様子で、直ちに否定することがほとんどです。彼らにとって、それらの信念は自明であり、それ以外の意味などありうるはずもないのです。

ですが、私の問い掛けに、いささかびっくりしたような様子を示すひとも珍しくはありません。自明だと思っていたことに、曲がりなりにも別の可能性を問われ、「思ってもいないことを言われた」といった反応を示すのです。これだけでも当座の狙いとしては充分です。彼らには「考えられない考え」が存在することのニュアンスを印象づけただけでも、彼らのスプリッティング思考の一枚岩をいささか揺さぶる効果はあるからです。

ちなみに、このことは、ビオンの言う「考えるひとのいない考え」のテーマと一脈通じるところがあります。ビオンは、たとえば「乳房」という概念は、生得的な知識や前概念としてすでにそこに存在しているのだけれども、乳児は現実の乳房と出会ってから、ようやく乳房という概念を手に入れることができる、と言っています。すなわち、乳房などの「考え」はあらかじめそこに存在しているのに、「考えるひと＝乳児」によって、それが発見されるまでは、「考えるひとのいない考え」として、ただ発見されることを待っているのです。

情動的思考のスプリッティングでも同じことです。「それ以外の考え」はすでに存在しているのです。あとは、「考えるひと」によって、「それ以外の考え」が発見される必要があるのです。それが「複眼の視点」を醸成し、情動的思考の可動域を広げることに繋がります。

話を戻して、先ほどの例に戻りましょう。マスターベーションが汚らわしいという女性は、その後、「マスターベーションも自分の身体を知るためにはよいかもしれない」と言うようになりました。思い通りにならないと嫌という女性は、「思い通りにならなくても、ひどい結果にならないこともある」と考えるようになりました。迷惑をかけることを怖れる女性は、「迷惑をかけることが親しさの表れでもある」ことに気づくようになりました。

いずれも一枚岩の「単眼の視点」から、少し融通性が出てきたのです。そうなると、情動の水準においても、こころの中の別の気持ちに気づきやすくなります。思考のスプリッティングの緩和は、情動や自己／対象像のスプリッティングの緩和にも繋がりやすいのです。

なお、技法面に触れれば、先ほど挙げました「他の考えは浮かびませんか」以外に、どのような関わりが考えられるでしょうか。

ひとつには、セラピストとの関係で情動的思考のスプリッティングを扱う方法があります。たとえば、「私との関係でも、私の負担になることを怖れておられるのでしょう。確かに負担を掛けているという、あなたの気持ちはその通りなのでしょうが、ですが、負担を掛けることは、それだけの意味でしょうか。私たちの関係がある種の親密さとともに近づいたという感覚ももたらしてはいないでしょうか」など、解釈として伝えることもできます。

ですが、マスターベーションを汚らわしいと思う女性の場合は、セラピストとの関係で扱うことは困難でした。なぜなら、セラピストが男性なだけに、それが誘惑的と取られたり、興味本位と取られたりする怖れの方が強かったからです。私は、こうした場合は転移的には取り上げず、「他の考え方、感じ方もあるかもしれませんね。それを探すことが、あなたの考え方を広げ、今の窮屈で苦しいこころの状態を緩和するかもしれません」と、わりとダイレクトにセラピストとしての考えを伝えます。精神分析の本道からすると邪道ですが、面接の中で一緒に「別の感じ方、考え方」を探していくのです。それによって、情動的思考におけるスプリッティングが緩和するひとも珍しくはありません。

ただし、このやり方を多用するのは注意を要します。なぜなら、面接が考え方の修正のような皮相的な方向に傾く怖れがあるからです。ですから、あくまでも自我強化の補足的な手段の位置付けがよいでしょう。

いずれにせよ、思考の面でも、一面的な思考、すなわちスプリッティング思考に陥らないことが肝要なのです。

2　面接経過の予測

面接経過の予測に関しては、「未解決の対象関係」がセラピストとの間に反復して起きてくる、という予測に基づきます。ただし、病態水準が神経症レベルとパーソナリティ障害レベルとでは、自ずと経過も違ってきます。

(1) 神経症圏――セラピストへの信頼を基盤にした抑圧の緩和

神経症レベルですと、抑圧機制が中心ですから、セラピストとの関係でも、自分の気持ちや考えが抑え込まれます。したがって、「何も思いつかない」、「こんなことを言ったら失礼ではないか」など、抑圧機制に基づく表現することへの禁止が生じます。転移としては、セラピストが超自我対象になるわけです。

しかし、神経症レベルですと、超自我の水準はそれほど過酷ではありません。なぜなら、クライエントの悪い自己像もそれほど深刻なものではなく、自己のよさやアイデンティティもある程度良好に保持されていますので、セラピスト像も過酷な悪い対象までには至りません。

したがって、面接経過は、セラピストが共感と受容を基本にして関わっていけば、セラピストへの信頼がほどよく形成されます。その基盤の上に、クライエントの表現されない自己部分を解釈していけば、次第に抑圧が緩み、親やセラピストなど身近な他者に「甘えたかった」「腹が立った」などの心情が実感を伴って吐露されるようになります。そこまで抑圧が緩和されていけば、たいていは神経症症状もかなりよくなっているはずです。したがって、先項でも述べましたように、神経症レベルですと、基本的には抑圧機制の緩和を軸に、シンプルに漸次進行していく面接経過と言えるかもしれません。

一方、パーソナリティ障害のレベルにまで自己の損傷が広汎になると、スプリッティング機制が強力に作動しますので、神経症圏とは異なったものとなります。

(2) パーソナリティ障害圏──対象への不安と対象への理想化

すでに本節で述べた「見立てに添った面接方針」と重なるところがありますので、簡潔に述べたいと思います。

パーソナリティ障害のレベルで、「内的なよい感覚世界との繋がり」が可能になると、往々にしてスプリットした対象関係世界が表面化しやすいことはすでに述べました。その際、あえて図式的に述べれば、スプリットした対象関係のどちらが表に出るかで、ふたつのタイプに分けられます。それが「対象への不安」と「対象への理想化」というふたつのタイプです。これらは、そもそも自己像の損傷に応じて形成される投影の産物といってもよいでしょう。

まず、「対象への不安」からですが、たとえば見捨てられ不安が中心のクライエントでしたら、セラピストとの関係も「見捨てられるのではないか」という転移が強くなり、なかなかセラピストのことを信頼できない、という面接経過が手始めに展開するわけです。境界例のクライエントでしたら、見捨てられ不安から激しく行動化したりしますし、スキゾイド的なクライエントでしたら、あまり連想が出てこなくて、関わりが乏しくなったりします。

その場合、スプリットされているのは、「セラピストを信頼したい気持ち」だったり「信頼するに値する自己」だったりします。つまり、対象や自己を信頼する側面が裏側に回ってしまっているわけです。

「対象への不安」の転移が展開するセラピーは、初期にはなかなか関わりが深まらなかったり、あるいは激しい行動化などの展開が待ち受けていたりします。そこを先ほど述べた「自我強化」のための「内的なよい自己との繋がり」を心掛けながら、セラピストは関わっていくわけです。面接の中で、次第によい自己との繋がりやアイデンティティの芽が育ってきたりすると、対象への不安やそれと連動した悪い自己像に耐えられるだけの力が付いてきます。したがって、「私はダメな人間だと思っていたけど、じっくりと手作りで作り上げていくものが好きなんだと気づいた」、「私はひとが怖かったけれど、困っている人を助けたい純粋な気持ちがあるのに気づいた」など、自己のよい側面、悪い側面を両方含み込んだ複眼的な言動が自然に増えてきます。そうなれば、苦痛な自己像をこころの中に抱えられるようにもなり、対象像も迫害性を弱めます。

もう一方の「対象への理想化」の転移の展開は、比較的ヒステリックなパーソナリティ障害や未熟型のタイプに多いパターンと言えます。こちらの場合ですと、対象への不安の側面がスプリットされ、対象への願望や理想化が表に出ます。したがって、「先生は何でもわかってくれる」、「理想的なお父さんみたい」など、セラピストは持ち上げられ、祭り上げられます。それに応じてセラピストの逆転移も、自己愛が刺激され気分がよくなったり、逆に持ち上げられ過ぎて居心地が悪くなったりします。

この場合には、「対象への不安」が裏側に回っていますので、そちらの不安を解釈していくことが多くなるかもしれません。すなわち、「私のことを何でもわかってくれるとおっしゃるが、キャンセルが多くなっているのは、この面接に来るのが辛くなっている気持ちもあるからではありませんか」、「付き合う男性をすぐさま見つけようとするのは、私との面接で満たされないと思っている部分があるからではないでしょうか」などです。

このように「対象への理想化」の場合には、スプリットされた陰性感情は、クライエントの行動として表出されることが多くなりますので、その行動と気持ちを繋げていく解釈をしていくわけです。そうして行動として排出されている気持ちの部分を、こころの中に留め置けるようになることが必要なわけです。

しかし、「対象への理想化」のクライエントも、スプリットされた陰性感情がこころに舞い戻ってくると、先の「対象への不安」のクライエントと同様に、「私は取り柄がない」といったような「損傷した自己像」が表れてきます。その後、「よい自己との繋がりの回復」が必要となるのは、「対象への不安」のクライエントと変わりありません。

ただし、一概には言えませんが、「対象への理想化」のクライエントの方が、理想化というスプリッティング機制にしろ、まがりなりにも対象への信頼を持てるひとたちですから、セラピストとの関係は作りやすいかもしれません。ですから、「自己像の修復」もセラピストとの関係を通して、「自己のよさ」や「自分らしさ」が見出されやすい側面があるのです。

以上のように、神経症圏にしろ、パーソナリティ障害圏にしろ、面接を通して目指される目標は、いずれにしろ「自己のこころとの十全な繋がり」や「こころの体験世界を広げること」になります。神経症のひとでしたら、とりわけ苦痛な情動や思考は抑圧により意識化されなくなっていますし、パーソナリティ障害のひとでしたら、スプリットされた情動や思考は対象に投影されたり、行動によって排出されたりしています。ですから、私たち分析的セラピストの仕事は、クライエントのこころを繋ぎ、こころの世界を広げる仕事をしているのです。それによってクライエントが、「自らの感性を使って」自分らしく生きられるようにお手伝いしているのです。

この点は次の「見立ての伝達」にも充分に生かされうる観点です。

3　見立ての伝達

見立てに関して、何をどのように伝達するかということで言えば、ポイントはふたつあるかと思います。ひとつは現在起きている問題の力動的説明です。もうひとつは、現在の問題と生育歴とを結び付けて、問題の全体像を提示する、ということです。この点に関しては、次節で具体的にお話ししますので、ここでは枠組みのみ説明します。

(1)　症状（問題）の力動的な説明

力動的説明としては、起きている問題が、うつにしろ、摂食障害にしろ、職場不適応にしろ、表面化している症状や問題行動とこころとを繋ぐような説明をします。つまり、症状（問題）の背後には、こころの機能不全があることを伝えるわけです。たとえば、「あなたがお困りの症状（問題）の改善には、こころの中に抑え込まれている／こころの中から閉め出されている気持ちとこころとの繋がりをよくする必要があるかもしれません。こころに抑え込まれたり／こころから閉め出されたりしている気持ちが、形を変えて今の症状（問題）をもたらしているかもしれないからです。たとえば、症状（問題）の背後には、あなたも気づかないような苦痛な気持ち（悲しみ、怒り、自己嫌悪、他者不信）が潜んでいるかもしれません。そこに気づいていくことは、こころの奥との繋がりを回復させ、こころの体験世界を広げ、あなたの困っている症状（問題）の改善をもたらす可能性があります。さらには、あなたが自らの感性を使って、自分らしく生きられるようになることにも繋がるかもしれません」と伝えます。スラッシュで分割した前者が抑圧モデル、後者が分裂‐投影モデルの時に使う言い方です。

私自身は、「こころとの繋がり」、「こころとの対話」、「こころの奥の気持ちとの繋がりを付ける」、「こころの体験世界を広げる」、「自分の感性を使って生きられるようになる」などのことばをよく使います。心理療法は、セラピストを通して自らのこころと対話し、こころを使えるようになるところに、その本質があると考えているからです。自らのこころの奥の気持ちや考えと、転移を通して出会い、気づき、その結果、内的体験世界が広がり、自らの感性が息付くようになることに心理療法の本質があることは、フロイト以来の変わらぬ真実でしょう。

もっとも、こころの中の気持ちと症状（問題）がどのように関連しているのか、ピンと来ない場合もあるでしょう。ですが、面接の意味が、少なくとも気持ちとの繋がりを付け、今まで気づかなかった気持ちに気づくことを、クライエントに印象付けるだけでも意義があります。単なるおしゃべりや日常の出来事を話すだけの会話とは、わけの違うことが少しでも伝われば、面接の導入としては、まずまず目的を果たしていると言えるでしょう。

（2）症状（問題）と生育歴との関連の説明

次に、生育歴と現在の症状（問題）との関連を説明したりします。必ずしもいつもこうした説明をするわけではありませんが、その方が、精神分析的心理療法への動機付けを高めることができる場合が少なくありません。たとえば、こんな風に伝えます。

「小さい頃から厳しい父親に従ってきたんですね。でも、内心はそれが苦しかったのかもしれません。その結果、苦しくても我慢して頑張る性格に育ったのかもしれませんね。それで、今の職場で上司から無理な残業を命じられても、我慢して応えることに繋がっていたのでしょう。そうしたことに、こころが持ち堪えられなくなって、うつに陥ったのかもしれません。ですから、この面接でもう一度自分のこころの奥にある気持ちを見つめ、ご自分の気持ちと繋がりを付ける必要があるかもしれません」。

この例は抑圧モデルに基づいています。抑圧を基本的な防衛機制とするひとは、生育歴と関連付けた見立ての伝達を行うと、自分の過去の出来事や親子関係と現在の自分の情況が複層的に結び付き、さらに面接の動機が高まったりします。

一方、パーソナリティ障害のひとに関しては、現在の情況と生育歴との結び付けを導入時に行うのは慎重にした方がよいように思います。なぜなら、パーソナリティ障害は、スプリッティング機制が基本ですので、問題を単純化し過ぎるきらいがあるからです。つまり、「自分がこうなったのは、親のせいか」、「親子関係に問題があったのなら、もう取り返しは効かない」など、一面的で単眼的な思考に陥るかもしれません。愛と憎しみ、感謝と恨みなど、アンビバレンツなこころの状態に至らず、むしろ「親が悪い」、「自分がダメな人間だ」など、白黒思考に陥る危険性を高めるかもしれないからです。したがって、パーソナリティ障害のセラピーでは、面接導入において、生育歴と現在の問題を結び付けるのは慎重に考えた方がよいように思います。

なお付言すれば、こうした見立ての伝達は、アセスメント面接の最後に伝えるばかりでなく、アセスメントの途中でも、クライエントの気持ちを掬い上げ、伝え返しもします。たとえば、先に挙げた例で言えば、「お父さんが厳しかったので辛い思いもあったんでしょう」などと、生育歴を聴きながらも、同時に気持ちを拾い上げます。なぜなら、次項の話と繋がりますが、試みに気持ちを伝え返すことによって、気持ちへのアクセスがどの程度クライエントのこころに響くのかがわかりますし、その試み自体が実際に面接に入った場合の下準備になるからです。

ですから、「見立ての伝達」は、症状の力動的説明や生育歴との関連を示す「まとまった理解の伝え返し」という面と「試みの気持ちの伝え返し」という面の両面あると考えられます。

（3）伝達後のクライエントの反応・態度

さて、見立てを伝達した後に、クライエントの態度や反応がどのようなものだったかも大事な視点です。セラピストのことばが入った様子なのか、合点がいかない様子なのか、その辺は感触として伝わってくるところです。

ですが、こうした心理的な説明が響くかどうかは、病気の種類や病態水準に関わらないところがあります。神経症レベルのひとに必ずしも伝わるわけではありませんし、パーソナリティ障害のひとが必ずしもピンと来ないわけではありません。さらに言えば、知的に高い健康なひとだからといって、心理的な説明が通用するわけではありません。知的で健康なひとでも即物的な考え方をするひとはいくらでもいます。そういう方には、気持ちやこころというものが、健康なゆえに逆に背景の地と化しており、日頃の生活の中で意識することのない縁遠い領域になっていたりします。境界例のひとの方が、日常的なこころの傷つきの中で生きていたりしますから、心理的な説明がしっくりと伝わることは珍しくありません。

とりわけ、「まとまった見立ての伝達」がよく伝わらないひと、納得のいかないひとは、対象関係論的な心理療法の適応とはなりにくいかもしれません。対象関係論的な心理療法は、まがりなりにも「症状や問題の背景にある自分の気持ちを見つめ、考えたい」程度の面接動機は必要になりますから、端からそれに同意できないひとには、別の援助手段を紹介する方がよいでしょう。たとえば、「症状さえ治ればいいんです」というひとには、医師と薬物療法について相談してもらった方がよいでしょうし、「もっとアドバイスして欲しい」というようなひとには、手順のはっきりしている認知行動療法の方が納得しやすいかもしれません。

私の見るところ、現代は具体的で形の見える援助を求めるひとたちが増えてきているように思われます。対象関係論的な個人面接は、「こころを見つめ、考える」という、形として見えやすいものではないだけに、今日必ずしも多くのひとに受け入れられる技法ではなくなってきているでしょう。しかし、それでも面接動機さえあれば、個人面接において充分に効力を発揮するものですし、今回は紙面を割くことはできませんでしたが、そうした視点を持ってクライエントとの関わりに臨めば、デイケアや福祉分野など、応用領域においてもクライエントに対する理解を深め、関わりの醍醐味をもたらしてくれると考えています。

（4）面接の契約

面接の契約にもソフト面とハード面があるといってよいでしょう。

ソフト面としては、セラピストが「まとまった見立ての伝達」を行い、それに対してクライエントが合意できるかどうか、ということです。先ほども言いましたが、表面的なレベルであっても、面接への内的な動機付けが少しはなされないと、クライエントとの面接契約は成り立ちません。

もちろんクライエントにとっては、面接がどのようなものか、その効果がどうなのか、ほとんど見当がつかないことでしょう。ですが、アセスメントでのやり取りや見立ての伝達によって、心理療法におぼろげながらも期待感を抱いてくれるクライエントは少なくありません。自らの症状や問題の背後に、何かこころの事情があるという予感を少しでも抱いてくれたのなら、それは心理療法に入るための内的動機付けとして力を持つものです。

もう一方のハード面での契約ですが、こちらは主として面接構造や面接方法に関わる事柄です。面接構造としては、面接場所、面接時間、面接頻度があります。場所に関しては、セラピストの働いている場所がそれに該当するので、選択の余地はあまりないでしょう。

面接時間も、精神分析的な心理療法を行うなら、四十五分か五十分が適当でしょうが、昨今の臨床情況ではそれを許してくれないクリニックも増えてきています。三十分枠の面接を余儀なくされる場合もあるでしょう。それでも心理療法としての意義はあると私は考えています。ただし、ケースのこころが動くのに時間がかかるということです。私自身の経験でも、三十分枠の面接で重症強迫のケースを見ていたら、こころが動き出すのに十年近くかかったことがありました。それは誉められたことではありませんが、三十分枠でも心理療法の意義はある証にはなるでしょう。

面接頻度に関しても、できれば週一回は確保したいものですが、症状の除去のみ求め、面接動機の薄いクライエントになかなかその頻度を保つのは難しい場合は珍しくありません。二週に一度でも、あるいは月一回でも意義はあるものです。ただし、これもケースのこころが動くのに時間がかかってしまうことは避けられないでしょう。先ほどの私のケースは、三十分枠の面接時間で、しかも投薬のペースに合わせ二週に一度の面接でした。それでも重症強迫はかなりよくなりました。詳しいことは、拙論（二〇一一）をご参照ください。

面接頻度も週一回以上に越したことはありませんが、そうでなければ意味はないという理屈にはならないと思います。

次に面接方法ですが、寝椅子を使うような自由連想が可能になるケースは、一般の病院臨床などではまずもってお目にかかれません。それが可能なケースを面接できる臨床家は、選ばれたひとたちでしょう。一般臨床の中では、症状の除去や問題解決を求めてみえるひとがほとんどですので、カウチでの自由連想など、面接設定としてクライエントの求めとギャップがありすぎます。対面法か九十度法を一般の臨床家は採用することが多いのではないでしょうか。

私がお勧めするのは、クライエントとセラピストが同じ方向を向く平行法か、それに近い百二十度法のようなものです。平行法はもともとは対象関係論の祖のひとりであるフェアバーンが採用していたようです。この方法の利点は、自由連想しやすい設定を容易に作り出せるところです。セラピストとクライエントの椅子の向きを同じ方向に変えるだけで簡単に準備できますから。百二十度法もそうです。椅子の向きひとつですから、机の位置なども変える必要はありません。望むらくは、できるだけゆったりと腰掛けることのできる椅子だとよいことです。

アメリカ精神分析学会の重鎮であるギャバードの面接デモンストレーションＤＶＤ（二〇一〇）を見ると、

百二十度法に近い形で、彼は面接しているようです。セラピストとクライエントがゆったりした椅子に腰掛け、必要ならばお互いの顔も見ることができる設定です。参考にされるとよいと思います。

顔を向かい合わせない設定は、平行法にしろ百二十度法にしろ、クライエントからすると不自然な設定です。それを採用するには、クライエントに対してある程度説明する必要がありますし、クライエントから「なぜ向かい合わせではないのか」というような質問を直接受けることもあります。私はそれに対しては、こう答えることにしています。

「お互いが同じ方向を向く椅子の位置の方が、ご自分の考えや気持ちを見つめ話すためには適しているからです。つまり、じかに向き合わない方が面接の自由度が増し、こころの中を表現しやすくなるのです。それに必要ならお互いの顔を見ることもできますので、こうした設定を採用するのがよいと考えています」

この説明の中でポイントは、「自由度が増す」という表現です。たいていのクライエントは「自由度が増し話しやすくなるのか」と思って同意してくれます。

ただし、パーソナリティ障害や境界例の一部のひとたちは、向き合わないということにかえって不安を覚えると訴えたりします。顔を見ていないと安心できないというのです。そういうひとたちには、無理強いせずに対面法で面接を行います。

精神病の方には向き合わない設定は基本的には採用しません。なぜなら、「自由度が増す」設定には、ある程度の自我の強さが必要とされるからです。カウチの自由連想法と同様に、「自由度が増す」ということは、逆に言えば心的防衛を外したり崩したりしやすい設定ということになります。精神病の方には防衛を崩さない方がよい場合がほとんどですので、向き合わない面接設定は採用しないわけです。

他に面接の契約としては、キャンセルの取り扱い方があります。病院ですと、キャンセルは前もって伝えられようが当日になされようが、料金は発生しません。これが個人契約の実費面接となるとそうはいかないでしょう。いつまでの連絡なら、キャンセル料は発生しないなどの取り決めをしておく必要があります。

また、面接室で話されたことは、クライエントや他者の生命に危険が及ぶような内容でない限りは、第三者に話すことはないということ、第三者に話す場合はクライエントの同意を得てから話すこと、主治医がいる場合には、主治医には現在の状態は伝えるが、詳しい面接内容まではクライエントの同意なく話すことはないこと、などの基本原則を説明します。

第三節　見立てから面接方針への実際

本節では、神経症圏、パーソナリティ障害圏、精神病圏の三つの病態水準に分けて、「見立ての実際」をお話しすることにします。ただし、あくまでもひとつの典型例ですので、各病態において、これに当てはまらない事例は事欠かないことでしょう。それぞれの病態におけるありがちな特徴を捉えたものとして、理解いただければと思います。

1　神経症圏のケース

神経症圏では、基本的によい自己像やよい対象関係がこころの中に構築されていますので、アセスメント面接をしていても協力的で友好的なニュアンスが伝わってくるものです。ですが、自己の一部が機能不全に陥っており、抑圧機制が中心ですから、事実レベルのことはきちんと語られても、それに伴う気持ちは表現されなかったりします。すなわち、「甘えたかった」「腹が立った」「悲しかった」「辛かった」などの情動の部分が抑圧を被り、どこか淡白な生育歴、病歴の記録になります。

ただし、同じ淡々とした生育歴でも、スキゾイドタイプのパーソナリティ障害とは違って、よい人間関係が登場したり、興味・関心の広がりがあったりするので、いわゆる人間味が感じられないわけではありません。スキゾイドタイプの方は、もう少し生育歴や病歴が殺風景で、そこに喜びや楽しみが窺い知れない印象を受けるものです。このあたりは、セラピストの感性や逆転移によって感知される部分も大きいでしょう。

神経症圏の場合は、あくまでも機能不全に陥っているのは自己の一部であり、ある領域の情動ですので、ことばとして情緒や気持ちが語られていなくても、非言語的には情感が滲んでくるところがあったりします。

（1）臨床素材：四十代、女性A

【主訴】
息苦しさ。心臓がドキドキする。

【臨床像】
質素で品のいい身なり。丁寧な言葉遣いで、もの静かな物腰。

【家族歴】

父親（七十代）：会社役員。自分の意見が正しくて、その通りにやらないからうまくいかないんだと説教される(1)。

母親（六十代）：父親に似ている。料理も自分のやり方でないと気がすまなく、手伝いもさせてくれなかった(2)。父親には世話好きで、なんでもやってあげている(3)。

妹（三十代）：社交的で自由奔放(4)。

【生育歴】

一番小さい頃の思い出は、幼稚園に行くのがいやだなという感じ。幼稚園はたぶん好きではなかったが、行くのがいやだとは言わなかった(5)。楽しくはなかった気がする。

小学校時代もあんまり学校が好きではなかったが、通わなくちゃと思って行っていた。大人しくて友達にも合わせるタイプだった。気を使う方だった(6)。

中学時代も同じような感じだった。

高校時代は、勉強があんまり好きじゃなくて、勉強をするわりに成績が上がらなかった。いつの頃からか、相手の言うことを受け入れれば友達になれることに気付き、友達は割りと簡単に作れた。人付き合いは下手なの

(1)高圧的な父親像。

(2)強迫的で保護的ではない母親像。

(3)世話好きだが支配的な特徴。

上記(1)(2)(3)のような両親像は、パーソナリティ障害のケースにおいても珍しくはない。

(4)クライエント自身は親や家庭の支配下に取り込まれ、同胞は親の支配から逃れて、自由に育つというパターンは、パーソナリティ障害にはよく見られる。神経症圏でも珍しくはないか。

(5)(6)自己抑制的特徴。ただし、神経症に限らず、パーソナリティ障害においても、場合によっては精神病においても、幼少期においては、このような特徴は珍しくはない。

に、合わせるので、疲れた(7)。

十代後半の頃、「母親の意見をどうしてそうきかなくちゃいけないんだ」というようなことを言ったら、父親からひどく怒られた。それからこういうことを言うとひどい目に合うんだと思って、余計に自分を抑えるようになったかもしれない(8)。

大学時代は、頑張らなくちゃいけない、逃げちゃいけない(9)と思って、勉強をしている毎日だった。学生らしい生活にもあまり興味がなかった。あまり皆に馴染んでいなかった。

大卒後、事務に関する仕事をしていた。失敗しちゃいけないと気を使って(10)仕事をしていた。この当時もときどき体調が悪くなったが、父親に「いいところがひとつもないからだ」と叱られ、自信喪失していた(11)。ただ、仕事だけは頑張ろうと思い(12)、残業も厭わず、会社でも遅くまでひとりで仕事をしていた。頼まれればしてあげなくてはと思い気を使うので、ひとりの方が楽だった(13)。

【現病歴】

X年：風邪で体調を崩し内科受診。食事が食べられなくなった。精神的なものといわれた。それまでも仕事で気を抜くとかできなかった(14)から、自分を追い詰めてきたんだと思う。

（7）抑圧による我慢強さか被害的不安に基づく偽適応かはっきりせず。

（8）抑圧機制と思われる。

（9）抑圧をもとにしたストイックな向上心。ただし、発症以前にはパーソナリティ障害においても珍しくはない。

（10）強迫機制か被害的不安に基づく完全主義かはっきりせず。

（11）超自我的（迫害的）対象像との関係が、自信喪失という自己側の体験に基本的に収束し、迫害不安に発展していない点が注目される。すなわち、スプリッティングに基づく投影機制に頼るのではなく、自信喪失という辛い体験をこころの内側に留めることのできる抑圧機制が機能している。

（12）自信喪失しても、社会性は失わない健康さの表れかもしれない。

（13）被害的不安からの迎合ではなく、サービス精神に基づく疲れのニュアンス。すなわち、より健康的。

（14）適応が破綻（発症）してからも、被害的不安が浮上せず相変わらずストイックなことが注目される。すなわち、より神経症圏的な病態像。

X＋一年：仕事で忙しく、緊張状態。食事も食べられない。クリニック受診。その後、息苦しくなって、心臓がドキドキし、外出するのが怖くなった。

以後、近医で数年ほど安定剤を処方してもらっていた。息苦しさはひどいときは呼吸もできないほど。それでも仕事は何とか続けていた(15)。

X＋四年：息苦しさから、全身のしびれもあり、救急車で運ばれた。家でも寝たきりのような状態になって、普通に生活ができない。

近医受診し、セラピストのもとに心理療法の紹介。

Aが言うには、争いごとが嫌いで、周りに頼れる環境もなかったので、自立してやってきたが、本来はそういうタイプではないかもしれない(16)。今のままでは駄目で、もっとがんばらなくてはと思って、ひとの役に立つ仕事をしたいと思い、オーバーワークしてきた(17)。

親とはなかなか意見が合わなかったので、距離を取ってきたが、自分自身も年齢を取ってきたら、家族だからという気持ちが出てきて、近づこうとしたかもしれない(18)。

印象に残る夢を聞くと、第一回にセラピストと話してから、夢の中で父親のことを誰かに「不満じゃないと思って今までやってきた(19)」と話していた。

(15) ストイックな頑張り。神経症圏的。

(16) 健康な内省力、心理療法の適応の可能性。

(17) 他者との関係における良いものを提供しようとする健康さ。

(18) 健康な内省力。家族に接近しようとした裏にある孤独感への気づきのニュアンス。

(19) こころの中の不満を抑圧してきたことへの気づきの兆し。夢の利用可能性。

（2）見立て

a　反復されている対象関係

このケースの場合、支配的な両親の下、自己抑制的で頑張り屋のパーソナリティとして育っています。成長してからも両親との関係性はそのまま反復され、仕事でも気を抜かず、ひととの関係では頼らず、自分を抑えて相手のために尽くそうとする対象関係が反復して繰り返されていることが読み取れます。

b　想定される未解決の葛藤

自己の欲望や情動の側面は強く抑え込まれています。抑圧が過剰な心的状態といえるでしょう。壮年に差し掛かった時に家族に近づこうとしたり、夢の中で父親のことを「不満じゃないと思って今までやってきた」と語ったりしているように、抑圧の背後の情動として、依存欲求（甘えたい願望）、それがかなえられないことへの不満な気持ちなどが窺い知れます。

まずは、未解決の葛藤として、頑張りや自己抑制の裏にある、「依存にまつわる不安」が想定されます。

c　抱えている困難に関する全体的理解

全体的理解ですが、不安としては「依存にまつわる不安」が想定され、防衛機制としては抑圧中心で依存欲求が抑え込まれていると考えられます。

ただし、Aの自己抑制の背景には、依存欲求などの一部の情動が抑え込まれているだけではない可能性も否定しきれません。すなわち、生育歴を見ると、親はパーソナリティ障害の親のように支配性が強いですし、幼少期から友達に気を使ったり合わせたりなどの、自己抑制の程度も強いです。したがって、その背景には、「自分は愛されない」という自己全般にまつわる不安がある程度存在しているがゆえに、偽適応的な関わりを幼少期から行っていたのかもしれません。すなわち、自己の一部の機能不全に留まらず、自己像全体がある程度損傷を受けている可能性もありうるわけです。

ですが、これまでのところスプリッティングに基づく投影機制は活発には働いていないので、まずは神経症圏のケースと考えてよいでしょう。

(3)　面接方針

a　見立てに添った面接方針

抑圧中心の依存欲求への不安を抱え込んでいるケースとするならば、抑圧の緩和が目的となります。すなわち、セラピストとの信頼関係を基に、徐々に「依存したい気持ち」「依存することへの不安」「依存できなかったことへの怒り」の気持ちなどが転移を通して扱われ、語られていくことが必要となるでしょう

b　面接経過の予測

神経症圏のケースでは、基本的によい対象関係やよい自己像は保持されていますので、面接ではセラピストへ

の信頼関係がほどよく形成され、それを基に転移が発展し扱われます。したがって、淡い陽性転移が発展し、その中で幼少期にかなえられなかった「甘えたい願望」が舞台に登場してくるでしょう。すなわち、「セラピストに甘えたい」、「頼りたい」などの気持ちが語られるようになります。それとともに、「甘えちゃいけない」、「セラピストに迷惑かもしれない」などの依存への不安も登場します。それらの気持ちをセラピストに表現し、セラピストが受容的に理解し扱っていけば、抑圧は緩和し、症状の緩和も期待されます。

ただし、「愛されない不安」などのように、自己像の損傷がパーソナリティ障害様に広がっていれば、その損傷程度に応じて、抑圧の緩和だけではうまく改善せず、次のパーソナリティ障害圏のように、自己像の修復が必要とされるかもしれません。

（4）見立ての伝達

「幼い頃から自分の気持ちを我慢し生きてこられたのでしょう。自分のことよりもひとのためにと頑張ってきた面もあるようですね。その背景には、ご両親との関係で親の言うことに従わざるを得なくて、自分を抑えねばならなかったことも随分と影響しているのでしょうね。そうした我慢の積み重ねによって、今に至ってとうとうこころも身体も悲鳴を上げ、症状化したのでしょう。症状の背後には、抑え込まれてきた気持ちの問題も大きいと推測されます。この面接で、もう一度ご自分の気持ちを振り返り、ご自分の抑え込まれたこころとの繋がりを回復する必要があるのではないでしょうか。そのためには、ここに週一回通われて、五十分の面接を行うことがお役に立てるかもしれません。ここに来てご自分のこころに浮かんだことを話していただくことが、こころとの繋がりを回復し、症状の改善にも繋がるかもしれませんし、さらにはあなたらしい感性を使った生き方の表現にも繋がるかもしれません」。

このように、抑圧中心の心身症であることをクライエントにはわかりやすく説明します。一度にこれだけのことを伝えるというよりは、こちらが伝えたことの感触を確かめながら、話を進めて行きます。その際、私自身は、症状の背後には抑え込まれた気持ちがあるので、「こころとの繋がり」「こころとの対話」を果たし、「こころの体験世界を広げる」ことが症状の改善にも繋がるかもしれないこと、さらにはそれを通しての「自分らしい感性を使った生き方」にも繋がるかもしれないこと、といった説明の仕方をよくします。

神経症圏のケースでしたら、このような力動的説明で面接の導入にとりあえず納得してくれるひとは少なくないように思います。

2　パーソナリティ障害圏のケース

パーソナリティ障害圏の方ですと、やはり会った印象も神経症圏のひととは違ったニュアンスを受けることが多いように思われます。それをことばで説明するのは難しいですが、印象の「過剰さ」と「寡少さ」ということばに集約されるかもしれません。すなわち、先節でお話ししたように、「対象への不安」のケースなら、セラピストに関わりを求めてこないので、印象の「寡少さ」となりますし、「対象への理想化」のケースでしたら、非言語的にも関わりへの強い欲求が伝わってきて、印象の「過剰さ」となります。

具体的には、前者でしたら、ことば少なで関係を回避しようとしたり、関係を怖がっていたりするようなニュアンスが伝わってきます。後者でしたら、依存的だったり、誘惑的だったり、積極的だったりなど、いずれにしろアピール度の強さが伝わってきます。もっとも「対象への不安」のケースでも、関係から遠ざかろうとするひとばかりではなく、攻撃的な雰囲気や姿勢を伝えてくるひともいますが、そういう方は心理療法に自ら来ようとは思わないので、例外的でしょう。

さて、病歴や生育歴も、そのふたつのタイプでは違った様相になります。「対象への不安」のケースは、生育歴や病歴が全般的に悲惨なエピソードや悪い経験に覆われた陰鬱な印象だったりします。また、積極的に悪いエピソードが出てくるわけではなくても、全般に明るかったり楽しかったりするエピソードがないような、薄い暗雲が垂れ込めたような生育歴だったりします。

これらは、悪い対象関係世界がそのクライエントの内界を占め、よい対象関係世界がスプリットされ、排除されているからですね。

「対象への理想化」のケースは、概して両極端なエピソードが出てきます。すなわち、一方ではとてもよい人間関係や幸福なエピソードがあるかと思えば、もう一方ではとてもひどい人間関係や裏切られて絶望したようなエピソードが登場します。いずれにしろ、どこかドラマのような誇張されたニュアンスが感じ取られるような生育歴や病歴です。よい対象関係世界と悪い対象関係世界がスプリットして存在しているからですね。

次の臨床素材は、男性と女性とで「よい対象」「悪い対象」がスプリットしていますので、男性を理想化する「対象への理想化」タイプのケースです。

(1) 臨床素材：十代後半、女性B

【主訴】

辛くて死にたくなる。ひととすれ違うと殴ったのではないかと思い、何度も確認して怖くなる。

【臨床像】

派手目の服装で、アクセサリーなどもつけ、コケティッシュな身なり。いまどきの女子大生という印象。

【家族歴】

父親（五十代）：エリートサラリーマン。やさしくて怒られたことがない。出張から帰ると妻にはみやげを買ってこないが、Bにはいつも何か買ってきてくれた(1)。小さい頃から娘のことを溺愛していた。

母親（四十代）：主婦。長男を溺愛し、Bのことはときどきけなしていた(2)。夫が家のことに関心がないという愚痴をよくこぼしていた(3)。几帳面で部屋の片付けなどうるさかった。

兄（二十代）：小さい頃から運動も勉強も何をやっても優秀で、Bにとってあこがれの兄(4)。一流企業に就職。

【生育歴】

父は出張でいつも忙しく、専業主婦の母は機嫌が悪いことが多かった

(1) 親子の世代間境界の侵襲。パーソナリティ障害の生育歴には珍しくない。

(2) 少なくともBの内的世界では、母親は、Bがバッドで兄がグッドというスプリットした関わり方をしていると映っている。

(3) 母親が父親の愚痴を子どもにこぼすという世代間境界の侵襲は、パーソナリティ障害には珍しくはない親子関係。

(4) 理想化されている兄像。兄自身は家族間の葛藤から逃れている。

(5)。「あんたは女の子だから」と言われ、礼儀作法などにはうるさかった。母から優しく構ってもらえる兄がいつも羨ましかった。兄は何をやらせても優秀だったので、いつも兄と比較されて母親からはけなされた(6)。それに「あんたにはお父さんがいるから」と言われていたことが忘れられない。母親には愛されていないとずっと感じていた(7)。

小学校の時は、勉強もできるほうで、学級委員もするような一目置かれる存在だった(8)。家に友達を呼ぶことも多かったが、Bの家庭は裕福な方だったので、おもちゃの種類やゲームの多さで、友達はびっくりしていた。Bはそれが自慢だった(9)。

中学校に入ると、周りに優秀な子が多く、だんだんと成績も下がっていった。それに連れて、Bの存在感も薄くなり、目立たない生徒になっていった(10)。この頃から勉強よりも男の子と遊ぶことが多くなった(11)。女の子よりも男の子と遊んでいた方が、気を使わずにすんだし、自分のわがままが通ったので楽だった(12)。でも、不良行為まではいかずに、県内の進学校に進んだ。

高校では、まったく勉強が付いていけなくなった。その上、周りの友達は、どうしてBが進学校に進めたのか、やっかみ半分にBを見るようになり、ますます女の友達とは付き合わなくなった(13)。彼氏ができて遊び歩

(5) 夫婦連合の不全。パーソナリティ障害の親には珍しくはない。
(6) 子どもに対してスプリットした母親の関わり。
(7) 幼少期からの愛情不安の自覚。これもパーソナリティ障害には珍しくはない。
(8) 愛情不安を能力でカバーしようとする表れ。
(9) 愛情不安を自己愛的満足によって補おうとする心性。
(10) 愛情不安を能力でカバーしようとする防衛の破綻。思春期においてそれまでの防衛様式が破綻することは、パーソナリティ障害では珍しくはない。
(11) 母子関係における愛情の満たされなさを異性に振り向ける性愛化防衛。境界例ではよくあるパターン。
(12) 同性との親しい関係の持ちにくさ。母親との関係の反復。
(13) 同性への被害感の高まり。母親との関係の反復。

くようになり、夜も遅くなった。彼氏はとてもいいひとで、Bの言うことは何でも聞いてくれてやさしいが(14)、Bは他の男友達とも遊びに行くことがあり、それで彼氏ともめることはよくあった(15)。学校は楽しくなかったが、放課後は、楽しく過ごせた。

大学に進学したが、雰囲気がBには合わなかった。周りはお嬢様といった子たちが多く、Bが男の子の話などすると、びっくりした顔をされた(16)。最初は仲良くしていた子たちもいたが、話の内容やファッションなど、合わなくなりだんだんと離れていった。学校に行っても居場所がなくなり、最近は学校には行っていない(17)。

【現病歴】

X年六月、アルバイトをしていたときに、お金の勘定を間違えたのではないかと気になりだした(18)。最初は、何度か確認すれば大丈夫と思えたが、だんだんと何度も確認するようになり、レジに差しさわりが出てきて、バイトに行くのも苦痛になった。

思い当たるきっかけとしては、店長が細かいひとで、レジの計算が一円でも合わないと、バイト代から天引きされた。Bはまだ計算を間違えたことはないが、間違えてはいけないという気持ちがだんだん強くなっていた(19)。その後バイトは苦痛になり、結局辞めた。

(14) 異性への理想化。同性と異性とでスプリットした対象関係のあり様。
(15) 彼氏に対しても愛情不安が試し行動として表れている可能性。
(16) 共感不全の友達関係。母親との関係の反復強迫の可能性。
(17) 発症前の孤立情況。誰からも愛されないという「愛情不安」の現実化。境界例の発症情況ではありがち。
(18) 確認強迫による発症。
(19) 確認強迫の内容において、店長から罰せられるという迫害不安のニュアンスが認められる。パーソナリティ障害ほど強迫症状にも迫害不安の色彩が認められやすい。

X年十二月、道を歩いていたら、ふとすれ違ったひとを殴ったのではないかという考えが出てきて、何度も振り返るようになった(20)。母親にも「私、殴ってない？」と何度も確認するが、母親は「この子頭がおかしくなったんじゃない」と取り合ってくれなかった(21)。最近はさらに不安がひどくなり、母親に頼んでようやく病院に連れてきてもらった(22)。

現在大学一年生だが、学校でも、友達が自分に対して敵意を持っているのではないか(23)と思える。Bが短いスカートをはいていたり、男の子と仲良くしていたりすると、「あの子、何」というような、きつい眼付きで見られている気がする。学校に行くのも、最近は苦痛になってきた。

(20) 確認強迫が加害恐怖へ。よりパーソナリティ障害的な対人関係の文脈での症状の展開。

(21) 娘の不安に情緒的に隔たった共感不全の母親。パーソナリティ障害には珍しくない母子関係。

(22) 共感不全の母親にしがみつくB。自我の弱さが窺い知れる。

(23) 確認強迫から対人被害感の明瞭化へ。投影機制がより活発になってきている。

(2) 見立て

a　反復されている対象関係

母親は兄を溺愛し、娘のBに対しては冷たい態度を取っています。父親は逆にBを溺愛し、母親よりもBを恋人のように扱っています。こうした両親のスプリットした関わりは、現実にどうだったかは別にして、Bの主観としては母親から「愛されていない」と感じることに変わりありません。長じて後も、母親との関係と同じように、同性との関係に関しては、敵対的になったり、被害的になったりし、関係をうまく結べません。その代わりとして、あたかも父親との関係の反復のごとく、「気が楽だから」という理由で男性関係の方に逃れています。

同性との間でも異性との間でも、親との対象関係を反復していると言えるでしょう。

b　想定される未解決の葛藤

「見捨てられ不安」が根底にあると予想されます。これは、自己の存在全体に関わる不安です。そのため、この不安は、母親の延長線上の対象である女性に対して特に激しく投影されていますが、男性に対しても「試し行動」を行って、見捨てられないかどうか試しているので、根底には同様の不安のあることが推測されます。

このように、愛情にまつわる強い不安が潜在していると仮定され、神経症のように自己の一部の機能不全というレベルではなく、自己像全体が損傷を受けていると考えられます。

c　抱えている困難に関する全体的理解

全体的理解ですが、不安としては、「見捨てられ不安」があり、自己の存在の根底を揺すぶる不安に晒されているようです。防衛機制としては、強迫的防衛機制もありますが、神経症レベルのそれよりも、迫害的ニュアンスが濃いものです。すなわち、「店長に叱られる」という対人不安、「すれ違ったひとを殴ったのではないか」という加害不安レベルでの強迫です。したがって、強迫の背後に妄想分裂ポジションにおける被害的心性が働いている可能性が充分に推測されます。さらに病歴からは、「友達が敵意を持っている」というように、投影機制が次第に活発になっていることが窺い知れます。

したがって、見捨てられ不安とスプリッティングに基づく投影機制が中心の、パーソナリティ障害圏のケースと考えられます。

(3) 面接方針

a　見立てに添った面接方針

こころの底に見捨てられ不安を抱え、その防衛としてスプリッティング機制が作動し、対象をよいひとと悪いひとにスプリットさせています。男性に対しては、父親像を反映させ、自己を受け入れてくれる対象として理想化しています。その一方で女性に対しては、敵対的だったり被害的だったりし、悪い対象とみなしています。

まずは、こうしたスプリッティング機制の緩和が図られるところでしょう。

スプリッティング機制が弱まれば、対象像の修復は比較的されやすくなります。すなわち、セラピストに対しても、否定的な感情の一方で信頼が育ったりします。セラピストの中によい面と悪い面両方を認めることができるようになります。

対象像の修復によって、Bの情緒や対人関係が安定すればそれでいいですが、なかなかパーソナリティ障害レベルのひとですと、そうはいかないことも珍しくはありません。すなわち、「先生はよいひとだが、私はダメで無力な存在」という自己像の損傷の問題が依然として強く残ったりします。

そうなると、次に自己像の損傷をいかに修復するかという課題が課せられます。「よい自己との繋がりの回復」ということですが、パーソナリティ障害のセラピーにあっては、もっとも難しい課題のひとつです。

以上のように、面接方針としては、スプリッティングの解釈やセラピストとの関わりを通した対象像、自己像の修復とひとまず考えることができるでしょう。

b　面接経過の予測

対象関係がスプリットしていますので、転移も激しいものになりますし、セラピーの経過も行動化などが生じ、困難なものになるかもしれません。

まず転移ですが、セラピストが男性ならば、父親や付き合う男性と同様に、依存が高まり、理想化が強く働く展開になるかもしれません。兄に対しては、「あこがれの兄」というように理想化していますので、男性セラピストに対しても同様の「対象への理想化」が表面化することがありえます。ただし、その転移は見捨てられ不安をスプリットした上に働いていますので、付き合う男性と同様に、セラピストはさまざまな試し行動に晒される可能性が高いでしょう。たとえば、遅刻や性的行動化などが頻繁に生じ、セラピストは理想化とは相反するそれらの行動化に、ネガティブな逆転移を強く抱くかもしれません。そういう形でBの「対象への不安」は、面接の場に持ち込まれることでしょう。

女性のセラピストでしたら、もっとダイレクトに母親との関係性の反復が起きる可能性が高いです。見捨てられ不安が露に転移され、「対象への不安」が最初から表面化しやすいかもしれません。その際、母親転移の裏側のスプリットされている「対象希求性」をいかに解釈できるかが鍵になるかもしれません。

男性セラピストであれ、女性セラピストであれ、スプリッティングの解釈によって、「対象への不安」が次第に緩和されれば、セラピストへの信頼は徐々に現実的な道に席を譲っていくかもしれません。

こうした心的局面は、クライエントが抑うつポジション寄りに移行してきた証とも言えます。しかし、そこで次の困難な課題が表れやすくなります。それまではスプリッティング機制によって、対象像はよいひとと、悪いひとに極端に分かたれていたので、その情況は極度の不安と理想化こそあれ、ある意味現実に足が付かない空想世界でもあったわけです。それが、セラピストもよい側面と悪い側面の両方ある現実的対象と認識され出すと、その認識の目は自己にも向かいやすくなります。

スプリッティング機制の盛んな時期のクライエントは、自己像に関しても混乱や不安はあれども、現実的な眼差しを向けることを回避していた状態とも言えます。それが今や抑うつポジションに差し掛かり、自らを現実的に振り返ったところ、自己の中によいものが発見されないことが冷静に認識されたりします。いわば、妄想分裂ポジションの不安と興奮によって回避されていた、自己の現実に直面する辛い課題が課せられるようになるわけです。

この時期クライエントは、「セラピストはよい人でも、自分はよいところのない愛されない人間だ」など、強い抑うつ感や空虚感を訴えるようになります。その抑うつ感に耐えられず、自傷行為や行動化が起きやすくなります。すなわち、クライエントは自らの根底に潜んでいた「見捨てられ不安」や「自己否定感」を回避することなく今や直面できるようになってきているわけですが、その苦痛に持ちこたえられないわけです。「心理療法は進展したけれども、患者は悪くなった」と医療の中で言われるのは、まさにこうした局面です。

ここで悪い自己像の修復をいかにやり遂げるかが次の課題となります。あくまでも「見捨てられ不安」や「自己否定感」を正面から転移の中で扱う技法が、クライニアンのセラピーなどではなされます。ですが、それには、入院などの抱える環境を含め、かなり強力な受け皿が必要とされるでしょう。なぜなら、陰性転移の扱いから入るとしたら、ストーミーな展開が予想されるからです。

先節でも述べましたように、私は、パーソナリティ障害においては、まずは「内的マネージメントとしての自我強化」から入るのが無難だと考えます。それには、「内的なよい自己」との繋がりを付け、なかでも、「アイデンティティの素としてのよい自己」が、転移を通していかに見出されるかがセラピーの肝だと考えています。クライエントは、知らず知らずのうちに、セラピストの中に自己を投影しています。それは悪い自己像ばかりではありません。よい自己像の芽もセラピストの中に投影されたりしているわけです。いわば良性の投影同一化です。それは連想の素材の中に表れたり、セラピストの逆転移によって感知されたりします。それを解釈していくことによって、クライエントの自我強化を図るわけです。それがうまくいけば、「自分にもいいところがある」、「ひとが怖かったけれど、困っている人を助けたい純粋な気持ちがあるのに気づいた」など、自己のよい側面に自然に気づけるようにもなります。

何度も述べましたように、クライエントが自己の中によい自己像やアイデンティティの芽を見出すことができるようになると、自己の攻撃性も抱えやすいものになります。他者への嫉妬、憎しみ、あるいは自己否定感にも耐えやすくなります。攻撃性とは、こころの器があってこそ、はじめて抱えられるものなのでしょう。こころの器としての、アイデンティティの素が形成されない状態で、攻撃性の解釈を行っていくと、こころがひび割れたり底抜けしたりすることも珍しくありません。

（4）見立ての伝達

「あなたを苦しめている、ひとを殴ったのではないかというような不安症状の背後には、こころの中で整理されていないさまざまな苦痛な気持ちがあることが推測されます。つまり、そうした苦痛な気持ちが姿を変えて症状化をもたらしている可能性があるのです。この面接で、もう一度ご自分の気持ちを振り返り、ご自分のこころとの繋がりを回復し、こころの体験世界を広げる必要があるのではないでしょうか。そうなれば、ひととの間の不安や症状も緩和し、もっと楽にあなたらしく生きられるようになるかもしれません。そのためには、ここに週一回通われて、五十分の面接を行うことが必要になるでしょう。ここに来てご自分のこころに浮かんだことを話していただくことが、こころとの繋がりを回復することにもなりましょう」。

神経症のケースと比べて、前半を少し変えて見立ての伝達を行います。少し変えたのは、生育歴まで含めては見立ての説明をしていない、ということです。もしそこを含めるとなると、「小さい頃から母親に愛されていないなど、ずっと苦痛な気持ちを抱え込んで生きてこられたのでしょう。友達関係でも嫌われるのではないかなど、ずいぶんと不安を抱えてやってこられたのでしょうね。その苦痛が到頭耐えがたくなって症状として表れたのかもしれません」となります。すなわち、もう少し生育をも含みこんで症状の説明を行うことになります。

ただし、そうした説明を慎重にした方がいいのは、パーソナリティ障害のひとは、スプリッティング機制が強いので、生育歴からの説明を加えると、たとえば「親の育て方が悪かったのか」、「友達が嫌っているのか」など、一面的に受け取られてしまう可能性が高いからです。ですから、パーソナリティ障害のひとには、私はたいてい生育歴を交えての説明は加えないことにしています。

パーソナリティ障害圏の場合、見立てによってどこまで伝えるかは考えどころでしょう。

3　精神病圏を疑われるケース

精神病圏のケースですと、私たち臨床心理士が出会いやすいケースとしては、明らかに精神病症状があるわけではないケースでしょう。すなわち、陽性症状がはっきりしなかったり、見られなかったりなど、パーソナリティ障害のレベルなのか、精神病のレベルなのか判然としないケースです。そうしたケースが、まずはロールシャッハテストなどのアセスメントで紹介されてきたり、場合によっては、最初から面接を依頼されたりすることもあります。

次のケースも、陽性症状がはっきり表れていませんので、精神病の前駆症状なのかスキゾイド・パーソナリティ障害なのか、はっきりしないケースです。ただ、そこには精神病圏の徴候として気になるサインも散見されますので、参考にしてみてください。

（1）臨床素材：二十代前半、女性C

【主訴】

外に出られない。人の視線が気になる。

【臨床像】

年齢相応のおしゃれな格好だが、表情は乏しく、やや能面のよう。対人緊張感も窺えない(1)。

【家族歴】

父親（四十代）：変わった人。母親に対してよく手を挙げたし、あまり働いてなかった。病弱で、自律神経失調症にかかっていたらしく、よく病院に通っていた(2)。家族に対しては、怒りっぽい。

（1）パーソナリティ障害とはいささか印象が異なる臨床像。対人緊張感のなさは、対象が目の前にいる現実感が乏しいせいかもしれない。精神病圏にありがち。

（2）ネガティブなだけでなく一貫しない父親像。対象認知が部分的で全体像まで統合されていない可能性もありうるか。

（3）父親像よりさらにわかりにくい母親像。少なくともクライエントの目から

母親（四十代）：仕事はきちんとしているが、嘘が多い。自分勝手で、父親との関係が嫌で不意に家出をして、何カ月も戻ってこなかったりする(3)。Cが知っているだけでも三人の男の人と不倫していた。Cに対しては、冷たいわけではないが、世話をしてくれる親ではなかった。

妹（十代）：さばさばした性格。いじめられるよりもいじめる方(4)。特別明るくて活発というわけではないが、家にはあまり居ず、外で遊んでいることが多い。

【生育歴】

小さい頃のことはよく覚えていないが、両親の喧嘩は多かった(5)。

小学校三年になる頃には母親は一時いなくなり、父方祖父母に妹とともに引き取られた(6)。しかし、その土地の学校で、方言が違っていたのでよくからかわれた。友達との付き合い辛さをそれから意識し出し、視線が気になるようになったのもこの頃から。陰口言われているんじゃないかと、この土地の人たちと違うんじゃないかと気にし出した(7)。それでも普通に友達付き合いはしていた。

小学校六年の時には、女の先生がおとなしいのをいいことに、女子がほとんど教室から出ていってしまったり、そのクラスの雰囲気についていけなかったりした(8)。また、いちばん仲良くしていた子から特別理由もな

(3) は一貫しない、まとまりのない母親に映っている。「奇怪な対象」に近い（幻覚的）母親像。

(4) 家族の葛藤からフリーな妹。パーソナリティ障害でも精神病領域でも、このような同胞間関係は珍しくないところ。

(5) 小さい頃のことを覚えていないというのは、抑圧中心の神経症でもありがち。精神病圏の場合には、幼少期から体験の現実感が乏しい表れの可能性。漠然としたネガティブな印象のベールで覆われたような幼少期が語られることも珍しくない。

(6) 子どもには耐え難い母親の突然の失踪のエピソード。コンテイナーとしての母親の突然の不在は、わかりにくい母親像の印象とともに、予期せぬ世界への不安を増大させる可能性。

(7) 思春期以前の早すぎる被害感、他者との疎隔感の出現。パーソナリティ障害のレベルではあまり考えにくい早さかもしれない。

(8) クライエントにとっては不可解な体験。

く無視されるようになり、孤立した(9)。

中学は運動部に入り、普通に生活していた。女子とは特別仲のよい子がいたわけではないが、おとなしいグループに所属していた。グループの中では、一緒に弁当を食べたり、なんとなく固まっていた(10)。しかし、三年生になってクラスの女子が男子とも一緒に動くことが多くなって、付いていけなくなった。男子に対しては、小学校の頃にことばの問題でからかわれて、父親とダブるわけじゃないけど、偏見みたいのがあって、男子が怖かった(11)。

高校は友達も普通にいて、最初は登校していたが、三年からときどき学校を休むようになった。理由は、陰口がクラスのなかで多くなって、自分にそれが向けられているわけではないが、陰湿な雰囲気が厭になった(12)。陰口を言われていたひとりの子は、学校を辞めていった。自分もいつ同じ目に合うかわからないと思った。

【現病歴】

X―一年、高校卒業後、スーパーのレジのアルバイトをしていたが、人間関係でうまくやっていけるかいつも不安で疲れてしまってやめた。なんとなく自分がその場に合わない感じがあった(13)。その後家に引きこもりだし、母や妹に苛々して当たったり、ものにも当たったりするようになっ

(9) 同じくクライエントにとっては不可解な体験とその結果の孤立。すでに外界がクライエントにとっては理解不能の奇怪な世界と化していた可能性。ある意味不可解な母親との関係の反復強迫。

(10) 従属的で主体の感じられない適応の仕方。そこに葛藤が感じられないほどの自我の弱さが窺い知れる。

(11) 被害感の可能性。

(12) 陰口がクラスで多いという、対象の特定されない被害感（無名の他者性）。パーソナリティ障害より迫害的他者像が拡散している印象。

(13) 漠然とした被害感の印象。対象が特定されない漠然とした被害感ほど、精神病圏の可能性。

た。この頃より、人混みや電車が苦手になり、ひとから見られていないか、何か言われていないかと思うようになった(14)。それで余計に家にいることが多くなったが、すごくヒステリックになったり、イライラしてリストカットしたりするようになった。でも猫を飼うようになったら、周りからは急に明るくなったねと言われるようになった(15)。

X年夏、コンビニでバイトを始めたが、店長にちょっとしたミスをひどく怒られた。その時はイライラした程度だったが、日が経つに連れて、ひとが怖いのが再び出てきて、バイトにも行けなくなった。ひとに見られるのも話し声も怖い。人中に出ると、目のやり場にも困るし、手に汗が滲んできてパニックになる。バイトの同僚も、陰でこそこそと悪口を言っている。「暗いね」、「だめだよね」という言葉が聞こえてきた。自分のことを言っているに違いないと思う(16)。

(14)　不特定多数に対する被害感がより明瞭になってきている。

(15)　急に明るくなるなど、猫を飼ったという理由はあるものの、いささか不連続な変化。

(16)　被害的な関係念慮だが、「暗いね」というような声の様相を呈してきている。幻聴の可能性も疑われる事態。

(2)　見立て

見立てに関してですが、精神病圏のケースですと、なかなかはっきりと対象関係の基本の形が見えなかったりします。なぜなら、主体性が弱いために、大規模な投影同一化が働き、漠然とした被害感が前景に出ますので、主体の側からどのように対象関係が経験されているのか、判然として捉えがたいところがあるからです。そのため先の注にもみられるように、内的な理解というよりも、外的な現象からの推測に基づく理解も多くなります。

したがって、見立てに関しては、細かな対象関係の形までは捉えにくい、おおまかな枠組みとなりがちです。

a　反復されている対象関係

両親像ともにCにとっては、不可解な対象と幼少期から体験されていたようです。特に母親像に関しては、「仕事はきちんとしているが、嘘が多い」、「不意に家出をして何カ月も戻ってこなかった」というように、まとまりがなく一貫したイメージを持ち難いものです。この対象関係の原型は、後年他者が「奇怪な対象」様のイメージと化す、他者の不可解さの素を形成しているかもしれません。それを表すように、Cは早くから他者との疎隔感を抱き、すでに小学校三年では「この土地の人たちと違うんじゃないか」と意識され、小学校六年では「特別理由もなく無視されるようになり、孤立した」など、世界が不可解なものとして体験され出しています。

したがって、母親の不可解さが世界の不可解さとして反復され、しかもその体験のあり様は拡散していっているように思われます。

b　想定される未解決の葛藤

最初の対象である母親との体験が、一貫性のある、連続したイメージとしては体験されていません。したがって、母親像が不可解で、予測のつかない奇怪なイメージと化しているようです。

コンテイナーであるはずの母親との体験が、そのような理解し難い不可解さに留まっている場合、その背後には、本来母親から抱えられるはずだったものの抱えられなかった、さまざまなこころの苦痛が存在することが推測されます。すなわち、母親からの見捨てられ感、母親の不可解さがもたらす強烈な困惑感、さらにはそれらが

Cの主体のまとまりを脅かす自己の解体感まで潜在しているかもしれません。

未解決の葛藤というよりは、それ以前のこれら原初的な不安に満ち満ちている内的情況の可能性が考えられます。

c　抱えている困難に関する全体的理解

他者や世界は不可解で「奇怪な対象」として体験され、その体験はさらに自己の主体性を解体させるほどの強烈な困惑感にまで到達しているかもしれません。そうした内的情況が抱えきれなくて、大規模に外界に投影されている可能性が推測されます。すなわち、投影される対象は特定されず、電車の中でも何か言われていないか気になるようになったり、バイト先でも「暗いね」、「だめだよね」という言葉が聞こえてきたり、投影の範囲は拡散傾向を示しています。

大規模な投影傾向が認められ、その範囲も特定されず、他者が「無名の他者」化した、幻覚妄想状態の前駆症状の可能性が疑われます。

(3)　面接方針

a　見立てに添った面接方針

精神病の前駆症状の可能性も疑われるならば、内界探索的な対象関係論的心理療法は禁忌となるのが一般的でしょう。クライエントの自我を支えるような、サポーティブなセラピーが選択されるところです。こうした精神病圏のクライエントですと、先節で述べたような「内的なよい感覚世界との繋がり」を付けるような段階から始めますので、彼らの否定的な内的体験は扱いません。その上で、現実適応支援的なサポーティブな面接を心掛けるところでしょう。

ちなみに、精神病圏のクライエントの理解としては、ビオンなどが説くように、自我自体を断片化させることにより、根源的な恐怖（たとえば、破滅恐怖）を防衛しようとしているところがあります。すなわち、精神病体験自体が、破滅恐怖への防衛でもあるという視点です。

これを裏付けるような臨床的事実には、精神科病院で働いたことのあるセラピストなら、時に体験されたところかもしれません。私自身もそうした経験があります。そのクライエントは、家の中にずっと引きこもっていた中で、幼少期の母親の怖ろしい姿をまざまざと思いだすことによって、精神病を発症してしまいました。それまでは、パーソナリティ障害と診断されていたケースです。福祉のサポートで病院に連れてこられた時には、完全に精神病状態に陥っていました。その状態の中で、怖ろしい母親の姿を何度もつぶやいていたのです。抱えきれないこころの苦痛に直面すると、精神病を発症することはそれほど珍しくはないのです。

b　面接経過の予測

投薬治療が中心になりますので、その効用次第というところが大きいでしょう。心理療法を行うなら、先に述べたように、「内的なよい感覚世界との繋がり」を目指しながらも、サポーティブで現実志向的なセラピーになるかと思われます。

経過の予測は、予断を許さないものとなるでしょう。

（4）見立ての伝達

見立ての伝達に関しては、この場合あまり必要とされないかもしれません。主治医の方で、すでに精神医学的診断に基づく、診断や治療方針が伝えられることになりますので。

その上で心理療法を行う場合には、見立ての伝達というよりも、心理療法の中で何を行うかを伝えた方が意味を持つでしょう。たとえば、「この面接では、ほっとできたり安心できたりする感覚が体験できるといいですね。それがあなたの苦しみを緩和させるかもしれません。その上で、まわりのひととの関係を少しずつ振り返りながら、不安な情況への対処方法なども考えていきましょう」などです。

まずは、クライエントのこころの中に「安心感との繋がり」を付けられるように心掛け、その上で、現実検討力を保つことを目指して取り掛かっていくのがよいでしょう。

以上、「見立てから面接方針」に関して、その考え方の基本と臨床素材を使った実際をお示ししました。対象関係論的心理療法においては、「見立て」が「面接方針」と連動する、セラピーの基本となることがおわかりいただけたでしょうか。読者諸兄の今後の臨床の参考になれば幸いです。

補遺

こころの痛みと防衛機制

ここでは補遺として、精神分析におけるいわゆる「心的防衛機制」の概説を行いたいと思います。精神分析の理論における基礎でもあり、要の理論でもありますので、すでに優れた成書がいくつも刊行されています。ですので、今更私が新たに付け加えることもないのですが、「抑圧系列」「分裂-投影系列」という区分けを本書において何度も行ってきましたし、さらには対象関係論的なフレーバーを施すと、心的防衛機制の理解のニュアンスもいささか異なったものとなりますので、改めて説明する意義もあろうかと、ここに補遺として載せることにしました。

なお、私の理解の下敷きとなっているのは、馬場禮子先生のご著書である『精神分析的人格理論の基礎』(二〇〇八)です。この本が優れているのは、心的防衛機制を理解するためには、とても実践的なところです。すなわち、日常的で平易な言葉で、防衛機制を神経症的防衛機制と原始的防衛機制に分けて説明されているので、初学者が理解するには、体験に近いところで実感を伴って理解することが可能になります。

さらにその後、馬場先生は、防衛機制論の考え方を洗練させ、精神分析セミナーなどでは、「高水準で、抑圧をベースにしているもの」、「低水準で、分裂をベースにしているもの」、「高水準でも低水準でも生じうるもの」と三つに分けて、解説されていると思います。

この考え方も、臨床家ならではの実践から導き出された経験に裏打ちされており、たとえば、「投影(投影同一化)」などは、健康な水準から精神病水準まで認められる防衛機制なので、一概に高水準とも、低水準とも言えない防衛機制です。ですから、とても臨床眼に富んだ考え方だと思います。

私がこれからお示しする考え方は、馬場先生の解説に影響を受け、防衛機制を三つに区分しています。すなわち、「抑圧系列」「分裂-投影系列」「どちらの系列でもありうる防衛機制」です。「抑圧系列」は、馬場先生の言う「高水準で、抑圧をベースにしているもの」に相当し、「分裂-投影系列」は「低水準で、分裂をベースにしているもの」に相当し、「高水準でも低水準でも生じうるもの」は「どちらの系列でもありうる防衛機制」に相当しています。ですから、私の三分類は馬場先生の分類に準拠しています。

ただし、馬場先生とは違い、「抑圧系列」と「分裂-投影系列」という命名の下に区分けをしたのは、「投影」の性質をより強調したかったからです。抑圧系列は、基本的に自分のこころの中に不安を抑え込み、自己のこころの領野で対処する術なので、基本的には対象を巻き込まない防衛機制と考えてもよいでしょう。分裂-投影系列は分裂を基盤に投影が作動した結果、多かれ少なかれ他者を巻き込む防衛機制と考えられます。簡単に言えば、「〝自分で我慢して〟対処（症状化）するか」、「〝ひとを巻き込んで〟対処（症状化）するか」の違いは、臨床的事実としても捉えやすいと思われますので、こうした区分を採用しました。

ただ、投影の文脈の中には、従来その中に区分されていた「共感」のような高水準のものがあります。私の分類では、「どちらの系列でもありうる防衛機制」に区分しましたので、当該箇所においてその理由を解説したいと思います。

いずれにしろ、私の防衛機制論の考え方においては、馬場先生の著書とその後展開された考えに随分影響されております。したがって、馬場先生のご好意とお許しをいただき、先生の考え方を下敷きに、これから心的防衛機制論を解説していきたいと思います〔補足参照〕。

I　こころの痛みとその起源

ひとは、自分のこころの中に苦痛が体験されると、それを体験しないようにこころを働かせるところがあります。こころの中に痛みとか苦しみがあると、それを守ろうとする働きが人間のこころの常としてあるわけです。ですが、そもそもこころの痛みとはなんでしょうか。それはどこからくるのでしょうか。まずはそれについて、図1を参照しながら考えてみたいと思います。

1　こころの痛みとは

私たちのこころが痛む時とは、こころの中に羨望、悲哀、怒り、惨めさ、嫉妬、恥、罪悪感、劣等感などのネガティブな情動を抱え込んでいる時に、多くは体験されることでしょう。ネガティブな気持ちは、私たちのこころに受け入れ難かったり、収め辛かったりするものです。たとえば私たちが、悲しい時にそれを感じないように、あえて明るく振る舞ったり、平気な顔をしたりするのは、こころの痛みを体験しないがためです。

ですが、私たちのこころが痛むきっかけになるのは、何もネガティブな気持ちを体験している時ばかりではないかもしれません。愛情や希望などの、本来はこころに喜びや期待をもたらす情動も、時としては不安の素となるものです。たとえば、幼少期から愛されない不安を抱えて成長してきたひとは、愛情を期待すること、あるい

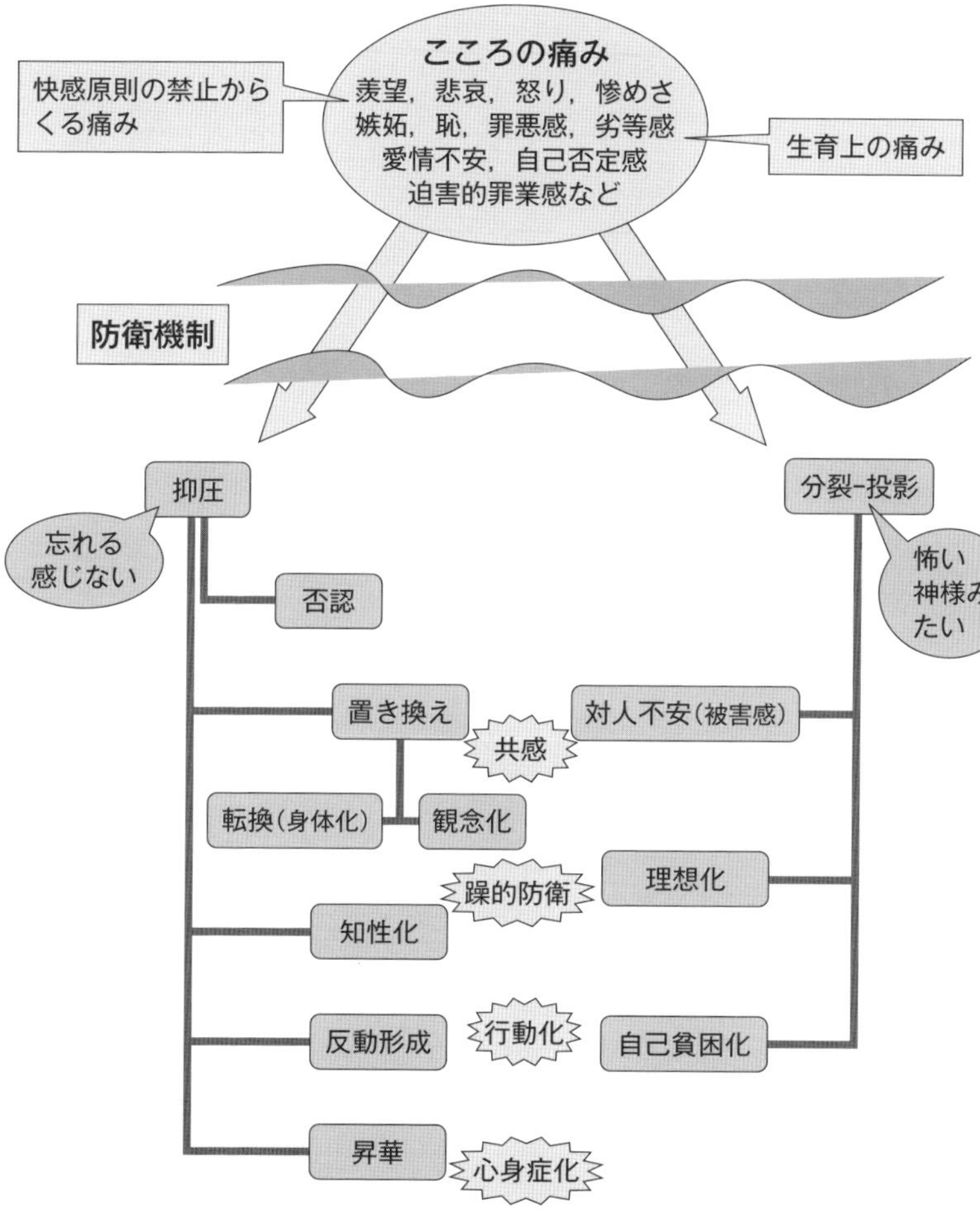

図１　こころの痛みと心的防衛機制

は愛情への期待をこころの中に感じることすら、強い不安を覚えるかもしれません。なぜなら、「愛情は裏切られるもの」という体験を積み重ねていれば、「愛情を期待すること＝裏切られる恐怖」と連結するからです。そうなると、愛情を感じるこころの動き自体が、「愛情不安」を掻き立てます。

また、愛情不安は、「自分が悪いから愛されないんだ」というような、「自己否定感」や「迫害的罪悪感」と呼ばれる心的苦痛を招くことも珍しくはありません。

このように私たちのこころは、ネガティブな情動とともにポジティブな情動すら、時にこころの痛みをもたらす要素になるのです。

2　こころの痛みの起源

フロイトは、こころの痛みをもたらす心的情況として、「性愛」を取り上げましたが、近年評価の高いビオンは、「乳房の不在」を根底に据えました。このように、こころの痛みが何によってもたらされるかは、分析家によっても考え方が違います。

ですが、大枠としては、フロイト由来の「欲動がもたらすこころの痛み」と、ビオンの言う「対象との関係がもたらすこころの痛み」の二大別になるでしょう。ビオンのいう「不在の乳房」は、母親の（愛情の）不在が、こころに耐えがたいほどの痛み（「言い知れぬ恐怖」）をもたらす対象関係の情況を言い表したものです。

換言すれば、この二大別は、「快感原則の禁止からくる痛み」と「生育上形成された痛み」と言い換えることができます。なぜなら、前者は、フロイトが「性愛」を快感原則の禁止のターゲットとして位置づけたように、快を求める欲望とそれを禁止する外的現実や超自我との葛藤から生じる，「欲動にまつわるこころの痛み」だからです。一方，後者の「不在の乳房」に代表される対象関係からくる痛みは，まさに生育過程の中で形成される「母子関係から成るこころの痛み」だからです。

したがって，ここでは「快感原則の禁止からくる痛み」と「生育上形成された痛み」とに分類し，それぞれ説明を加えていきます。

（1）快感原則の禁止からくる痛み

a　快への欲望と超自我・外的現実との葛藤

フロイトが快感原則の禁止として，最初にヒステリー患者の中に見出したのは，「性愛」という欲動です。その後フロイトは，構造論を提唱する中で，快感希求的なこころの働きをイド（エス）と命名しました。フロイトは，イドの中心に性愛を置いていますが，今日の考え方で言えば，イドの中には性愛的欲望のみならず，あらゆる快感希求的欲望が含まれます。ですから，「ああしたい」，「こうしたい」と即座の快感満足を求めるようなこころの働き方の部分です。

ですが，そこで葛藤が生じます。なぜなら，私たちのこころの中には，「超自我」と言われる，親から受け継がれた倫理規範があるからです。「ああしてはダメだ」，「それは悪いことだ」と即座の欲望満足を禁止するこころの働き方があります。あるいは，即座に欲望を満足させることのできない外的現実に出会い，欲望満足を延期せざるを得なかったりもします（「現実原則」）。

ですから、「欲しいと思っても我慢しなくてはいけない」、「お兄ちゃんだから、弟に譲らなきゃいけない」など、欲望の禁止に伴い、こころは苦痛を体験するわけです。

b　不快の排除と超自我・外的現実との葛藤

快感原則に含まれるのは、快楽を希求する欲望だけではありません。不快な情動を排除したいという欲望も快感原則に含まれるでしょう。腹が立ったらすぐに怒りたいし、ちょっと憂鬱な時には空騒ぎもしたくなるし、侮辱されたら暴力をふるいたいと思うような気持ちが、私たちのこころの中には存在します。では、なぜ怒ったり空騒ぎしたりしたいと思うのでしょうか。それは、そうすることで、不快な気持ちが自己の中から排除されるような快感を伴うからではないでしょうか。私たちのこころは、不快な気持ちを自分のこころの中からきれいさっぱりと取っ払いたいというようなこころの動き方をするのです。

ですが、これらのこころの動き方は、快への欲望が禁止されるのと同様に、超自我や外的現実との間で葛藤を引き起こし、即時的な不快の排出は許されません。怒りたい時に怒れたらどんなにかスカッとするかもしれませんが、それは私たちの社会の中では往々にして許されないので、私たちは「我慢」しなくてはならないのです。こうして快への欲望も不快の排除も、同じく「我慢」「禁止」「延期」をせざるを得ません。ですから、私たちのこころは苦痛を抱え込むことになるのです。

ただし、誤解のないように付言すれば、これらの自己抑制は、何も超自我や外的現実に強いられてなされるばかりではありません。親からの倫理規範である超自我が、健全に内在化されれば、それは自発的な自己抑制にも至るのです。進んで「我慢しよう」と思うわけです。それが他者との協調性や社会性を増すことに繋がるのは言うまでもありません。

さて、これら「快感原則の禁止」が抑圧モデルに当てはまりやすいのは、すでにおわかりでしょう。自己の欲動や不快を我慢するこころの働きが、無意識的に行われるようになったものが、「抑圧」という防衛機制に他なりません。したがって、「快感原則の禁止」によって引き起こされるこころの問題は、神経症圏の範囲に収まりがちです。なぜなら、すでに第四章で述べましたように、神経症とは、基本的に自己の欲動の一部が過剰に抑圧を被っている内的情況であり、自己像全体の損傷までには至っていないからです。

次の「生育上形成された痛み」は、まさにこの自己像全体の損傷までに至りやすい「こころの痛み」です。

（2）生育上形成された痛み

生育上形成された痛みは、まさに母子関係に由来するものが多いことでしょう。乳児が最初に出会う対象が、母親（の乳房）ですので、そこでの関係性いかんによって、子どもは自分が母親から「愛されているか」、「愛されていないか」という自己形成の素となる感覚を直感的に把握するものです。精神分析家のメルツァーが言うように、子どもは母親が自分を見つめる目の輝きを見て育つのです。明らかな虐待やネグレクトがなかったにしろ、子どもは母親の目の輝きから、自分に対する愛情の深浅を読み取ってしまうものなのでしょう。

ここで母親から愛されているという感覚を十分に育むことができないと、愛情に関する慢性的な不安感が醸成されます。それは幼いうちは意識に上らず、「よい子」「優等生」という姿で隠蔽されるかもしれません。なぜなら、そうしていれば少なくとも親や大人は認めてくれるからです。ですが、そのこころの裏では、「本当の自分が出せない」、「ひとに合わせてしまう」などの主体性の脆弱さが進行し、その脆弱性が自我の芽生えである思春期に達し露呈しやすいのは、パーソナリティ障害のセラピーでは周知のところでしょう。

こうして「生育上形成されたこころの痛み」は、思春期に達すると、「見捨てられるのではないか」、「嫌われるのではないか」というような「愛情不安」、さらには「自分には好かれるところがない」、「好かれないのは自分が悪いせいだ」というような「自己否定感」として、鋭く意識されるようになるのです。

これらの不安が、自己の欲動の一部を抑圧したり、自我の一部の機能不全によって生じたりする性質の不安ではなく、自己像全体の損傷を被っている心的状態であることは、容易に察せられるところでしょう。したがって、「生育上形成されたこころの痛み」は、こころの中に愛情にまつわる大規模な不安が形成されやすく、パーソナリティ障害様のこころの病理を引き起こしやすいのです。

さらに、「快感原則の禁止からくる痛み」と「生育上形成された痛み」の二種は、次の「心的防衛機制」の二種とも連動していきます。

Ⅱ　こころの痛みに対する防衛機制の二系列——臨床的分類

心的防衛機制とは、もともとフロイトが神経症や精神病の病理や精神力動を解き明かそうとする中で提唱していったこころのメカニズムです。フロイト自身は、ヒステリーや強迫性障害の病理にメスを入れることに関心の中心がありましたので、主に抑圧中心の神経症的防衛機制を解き明かそうとしました。ですが、それればかりではなく、たとえば「シュレーバー症例」を通して、精神病のメカニズムも投影機制の概念を武器に探求しようとしました。

このように、心的防衛機制論は、フロイトに始まり、娘のアンナ・フロイトによって、自我心理学の枠組みの中で、洗練されていった概念です。その後、心的防衛機制の考え方に大きな影響が及ぼされたのは、メラニー・クラインの登場に拠るところが大きいでしょう。

クラインは、早期対象関係や統合失調症の心的防衛機制を研究する中で、「投影」ではなく「投影同一化」という用語を使用するようになりました。その後、クライン派の流れの中で、この新たな用語の使用は普及し、現在では「投影同一化」という用語は、精神分析のサークル以外でも用いられるようになっています。

そもそもクラインが、この用語を採用するようになった理由に関しては定かではありません。ですが、その後のクライン派の流れの中では、「同一化」という用語に含まれる対象関係の含意、すなわち、対象をコントロールしたり、対象とのコミュニケーションを図ろうとしたりなど、対象との関係性を含み込む概念として好んで使用されるに至った経緯があります。

ただし、今日「投影」と「投影同一化」は、ほとんど同じ文脈で使用されることが多いですので、細かい違いまで考えなくてもよいでしょう。ですから、本書においても、細かな違いからくる煩わしさを避けるために「投影」という用語を用い、解説を行ってきました。

また、対象関係論の流れを汲んで「投影同一化」という用語が使用されるようになって以来、この概念が防衛機制の中では、原始的防衛機制として認識されるに至りました。「抑圧」中心の防衛機制が神経症的防衛機制に該当し、「投影」中心の防衛機制がより低次の原始的防衛機制として位置づけられたのです。

投影同一化が原始的防衛機制として認識される根拠は、クラインによって示されています。すなわち、クラインは、投影同一化を分裂（スプリッティング）機制を基礎に置くものであることを明確に示したのです。スプリッティングにおいては、情動のレベルにしろ、対象関係のレベルにしろ、よいものと悪いものとに激しく分裂されます。特に悪い自己の側面は、自己否定感や生々しい怒りとして、こころの中に留まり難く、扱い難いものと化します。その結果、それら悪い自己像や攻撃性は、激しく対象の中に投影され、被害感や対人不信として跳ね返ってくるのです。

このように、スプリッティング機制が根底に働いている以上、投影同一化が原始的防衛機制として位置づけられるのは、極めて妥当なところなのです。

クライン自身、その辺の事情をよくわかっていたのか、「投影同一化」という用語を最初に登場させた記念碑的論文「分裂的機制についての覚書」（一九四六）を、「スプリッティング・ペーパー」と好んで呼んでいたとのことです。これも投影同一化よりも、スプリッティングの方がプライマリーなメカニズムということを強調したかったからかもしれません。

今日、神経症的防衛機制と原始的防衛機制という、ふたつの概念的枠組みは、極めて重要です。人間のこころの働きや病理において、抑圧中心の防衛機制と投影（投影同一化）中心のそれとでは、質的な違いをもたらすからです。すでに本書において、何度も解説を加えてきたところです。

さて、こうしてみてくると、「快感原則の禁止からくる痛み」は、抑圧中心の神経症的防衛機制におおよそ対応し、「生育上形成された痛み」は、投影中心の原始的防衛機制におおよそ対応することがおわかりいただけるでしょう。なぜなら、前者は、自己の一部の欲動が防衛のターゲットとなるに留まるので、自我の一部の機能不全に留まりやすいからです。したがって、神経症です。後者は「愛情不安」が根底にあるので、スプリッティング機制が激しく作動し、投影機制が活発になります。したがって、自己像全体の損傷の程度が広汎なパーソナリティ障害に至りやすいのです。

ここでは「抑圧系列」と「分裂-投影系列」の二大分類に従って、各防衛機制の説明を行っていきたいと思いますが、三番目の分類として「どちらの系列でもありうる防衛機制」として、「共感」「躁的防衛」「行動化」「心身症化」を取り上げます（図1参照のこと）。臨床的には、これら三番目の分類の防衛機制は、「抑圧ベース」でも「投影ベース」でもありうるからです。とりわけ「共感」に関しては、抑圧系列にも分裂-投影系列にもうまく当てはまらない、スペシャルな防衛機制と理解されます。私なりに、工夫を凝らして説明していますので、参考にしてください。

もうひとつ付け加えることとしては、心的防衛機制には、健康な範囲と病的な範囲が区別されうるということです。この区別は、その防衛機制の使用の多寡に拠りますので、量的な差と考えて間違いではないのですが、量的な差があるレベルを超えると質的な差に変容するわけです。すなわち、フロイトの言う「抑圧されたものの回帰」が起こります。抑圧の程度が強いと、情動や思考は、神経症症状として姿かたちを変えてしまうのです。

したがって、「健康な範囲」と「病的な範囲」の区別をつけた方が、その防衛機制の特色をより明らかにできるものに関しては、そのふたつを区別して説明します。ですが、たとえば「知性化」のように、その区別をつけることが困難、あるいは必ずしも必要ではない防衛機制に関しては、一括して説明することにします。

また、私の取り上げた防衛機制の分類は、一般に流布している防衛機制のそれとは違うところがあります。たとえば、「隔離」や「取り消し」というような防衛機制を取り上げず、「置き換え」の中に「転換」と「観念化」のふたつを下位分類としたり、さらには「どちらの系列でもありうる防衛機制」として、「共感」「躁的防衛」

「行動化」「心身症化」という四つを取り上げたりしました。私の分類は、概念的に導き出されたというよりも、臨床実感に近い分類です。ですから、教科書的な防衛機制の分類とはいささか異なるところがあることをあらかじめお断りしておきます。

では、各防衛機制の内容に入っていきましょう。

1　抑圧系列

(1) 抑　圧

「抑圧系列」の代表的防衛機制は、もちろん「抑圧」です。抑圧は、意識すればこころの痛みが生じるような欲動、情動、空想、記憶、思考などを思い出せなくすることです。抑圧系列の中では、抑圧が一番シンプルな防衛機制です。「考えない」「思わない」「感じない」を基本としています。

a　健康な範囲

健康な抑圧の範囲ですと、「嫌なことは忘れる」ということです。これは私たちが日常よくしていることです。ただ健康な範囲内にしろ、これがあまり日常化すると、情動の体験範囲が狭くなります。あまり気持ちが動かなくなってしまうということです。いわゆる感情の平板化がもたらされます。「感動しない」「何とも思わない」となるかもしれません。興味関心の範囲も狭くなるでしょう。

ただ抑圧というのは、ある種のパーソナリティ傾向として恒常的になりやすい性質もあります。すなわち、自分の中のある情動を知らず知らずのうちにいつも我慢していると、それがそのひとのパーソナリティの中に組み込まれていくわけですね。そのタイプには二通りほど考えられます。

ひとつは、愛情希求の抑圧です。「頼らない」「依存しない」など、それが生き方になっているひともいます。現代では、女性の生き方として自立した女性が多くなっているかもしれません。特に、男性に頼らない、依存しない、そういう生き方を好んで選択する女性がいますね。キャリアウーマンなど、その代表かもしれません。ですが、若いうちは若さとエネルギーで仕事をバリバリこなしていたのだけれども、壮年期に差し掛かり、そのパワーに衰えが見えだした時に、「頼りたいのだけれども頼れない」という葛藤が強くなって、不安性障害に罹る女性がいます。

もうひとつは、攻撃性の方を抑圧するタイプですね。こちらのひとは、「怒らない」、いつもきちんとしていて「礼儀正しい」タイプです。これは「怒りの抑圧」ということなのですが、几帳面だったり、温厚だったりするパーソナリティ傾向として定着することがあります。ですが、人生の節目において、パーソナリティの範囲内で対処できないような葛藤や不安が強くなると、「置き換え」など他の防衛機制（強迫的防衛機制）も手伝って、強迫性障害に陥ることがあります。すなわち、ガス栓、火の元を何回も確認しないと気が済まないなどの強迫症状です。

このように抑圧では、情動の体験範囲が狭くなったり、ある種のパーソナリティ傾向として発展したりすることがありますが、適度な使用であれば、適応に必要な健康的な防衛機制と言えるでしょう。

b　病的な範囲

病的で神経症的な範囲に至ると、抑圧の一番の端的な例が、「健忘」という記憶喪失です。健康な範囲でしたら、記憶に伴う気持ちの側面を感じにくくなったりしますが、記憶自体は覚えているわけです。ですが、健忘は記憶自体にまで強い抑圧が掛かり、思い出せなくなります。その最たる例が「全生活史健忘」です。自分の人生全部を忘れてしまうことが起きたりします。

昔、全生活史健忘に罹ってしまった芸人さんがいました。ある時その芸人さんは、海のテトラポットの傍で発見されて、そこでぽつんと立ちつくしていたんですね。発見された時は、自分の名前すら覚えていませんでした。自分がどこから来たのか、なぜ家から遠く離れた海のテトラポットまで来たのかなど、一切覚えていません。それは仮病などではなく、ご本人自身は本当に思い出せなくなっている。自分の妻のことも子どものことも全部思い出せない。結局身元がわかり、家族のもとに帰されたのだけれども、周りが妻というから「ああ、妻なのか」、自分の名前も忘れていますから、ひとに言われたから「そういう名前なのか」と思うだけで、実感としては覚えがない。全部忘れてしまっているわけです。大規模な抑圧の防衛機制が働いてしまっている。

結局のところ、この芸人さんがどうしてそうした状態になってしまったのかわかりませんが、おそらく苦痛な体験や記憶があったのでしょう。そうした苦痛な体験や情動を思い出さないためには、自分自身のことも全部忘れてしまうという、大規模な防衛機制を使ったと思われるのです。

私も全生活史健忘のクライエントを二例ばかり経験していますけれど、そういう方たちは、本当に記憶を忘れた状態に陥ります。

三十代後半の女性ですが、ある時から記憶をまったく失いました。その後、記憶がなくなったばかりでなく、ひどいめまいも起きるようになり、精神科にかかるようになりました。その方とは結局心理療法は十年ばかり続いたのですが、結局すべての記憶を思い出すことはできませんでした。

私に依頼されてきた時は、ひどいめまいもあり、年齢よりかなり年老いた生気のない様子でしたが、ある時その方が私に昔の写真を見せてくれたのですね。その写真に写っていた女性は、目の前の生気のない彼女とは違い、かなり垢抜けて派手で、いわゆるイケイケの感じだったんです。まるで別人でした。このひとの中には、そんな自己部分もあったんだと思って、たいそう驚いた覚えがあります。

そういう方が記憶を取り戻していくプロセスとしては、一般的にそうなのかどうかはわかりませんが、とても周辺的なことから思い出されました。核心的な記憶は核心なだけに、なかなか思い出しにくいようです。たとえば、親戚のおじさんが家にやってきたことを夢に見ると、それから親戚のおじさんについて、「ああいうひとだった」みたいな実感がもたらされます。あるいは、夢に出てきたことが、過去に実際に起きた出来事だったりもしました。そうなると、その場面やそれに伴う記憶が実感とともに蘇るんですね。そんな風に、だんだんとこのクライエントは記憶を取り戻していきました。

結局、核心となる記憶は思い出せませんでした。というより、思い出さない方がいいかもしれないと、私はセラピストとして途中から思うようになったんですね。というのは、私はこのクライエントが記憶を失った、あるいは失わざるを得なかった理由を、さまざまな情況やクライエントの話を考え合わせると、「そういうことだったのか」とわかった気がしたからです。それはとても悲しくも罪深いようなことでした。それを思い出すことに、このクライエントは耐えられるだろうかと思ったんですね。

全生活史健忘の背景には、それほどの大規模な抑圧が発動するに足るだけの、大きく隠された人生があったのです。それで心理療法は、私の転勤もあり、途中で終わることになりました。

このクライエントのように、全生活史健忘は、最も大規模な抑圧の病的な形です。

(2) 否　認

抑圧と近い概念として「否認」があります。これは抑圧と似ています。ですが、それを区別すれば、抑圧は自分の中の苦痛な情動や考え、すなわち「内的現実」に対して働くものであるのに対して、否認は苦痛な出来事に対する情動や考え、すなわち「外的現実」に対して働くものです。すなわち、自分に降りかかっている苦痛な現実に伴う情動や考えを認めないものが否認という防衛機制です。

これも健康な範囲と病的な範囲があります。

a　健康な範囲

健康な範囲ですと、私たちが日常的に何気なくしているようなことです。たとえば、明日試験があるのに、そのプレッシャーを感じないようにしようとして、「平気な素振り」をしたり、失恋してこころに痛手を受けているのに、それを感じないようにしようとして、カラオケに行って「空騒ぎ」をしたりするようなことです。

ナースからこんな相談を受けたことがあります。

その患者さんは、三十代の女性で独身ですが、癌が進行しターミナルの段階でした。ナースの話によりますと、告知は予後も含めてすべて伝えているとのことでした。ナースとしては、若いだけに気の毒に思っています。ですが、本人は、病気に対して淡々としており、弱音を吐いたり、ナースに頼ってきたりすることもありません。親が予後の事を訊いたりすると、本人は「そんなこと訊いても仕方がないじゃない、人間いつか死ぬんだから。それがちょっと早くなっただけだよ」と悲しむ様子もありません。ですが、隣の患者がナースコールなどすると、とても心配そうにナースが来るまで身体をさすったり付き添ったりしているとのことでした。

ナースとしては、どんな援助ができるのか、逆に悩んでしまったというのです。

この患者さんの場合は、自らに降りかかった人生の不幸な出来事を「否認」し、隣の患者さんをあたかも自分の身代わりのように世話することで、自らの不安を和らげるという良性の投影機制（共感）も働いているようです。不幸を乗り切るために、このように防衛機制を使用するのは、健康な範囲内と考えてよいでしょう。

b　病的な範囲

否認の病的な範囲ですと、精神病レベルの現実否認が最たるものでしょう。フロイトがこんな例を挙げています。

恋愛妄想の少女です。衝動的な情愛をある男性に向けており、家族の祝いの日に彼が来るのを緊張して待っていました。しかし、彼はとうとう現れませんでした。彼女は最後の汽車が通過した後、幻覚錯乱状態に陥りました。その後二カ月、彼がやってきて、庭からその声が聞こえ、彼女は彼を迎えるため寝巻のまま庭に降りていくという幸福な空想に浸りました。彼女はその空想を妨げる事態が生じた時には暴れました。

フロイトは、この素材に関して、「自我が耐え難い表象をその感情とともに投げ捨てて、その表象が自我には近寄ったこともないようにふるまっている。ただし、これが成功した瞬間には、当人は、『幻覚的錯乱状態』として分類される精神病になっている」と解説しています。すなわち、「耐え難い表象」とは、愛する彼が決して彼女のことを愛していない、という考えであり、その考えが自我に近寄らないように、幻覚錯乱状態に陥っているのでした。

精神病レベルの大規模な否認の様態が理解されるところです。

（3）置き換え

ここから先の抑圧系列の防衛機制ですが、これは抑圧ベースの上にさらにもうひとつの防衛機制が、「抑圧を強化するために」付け加えられたものです。

まず「置き換え」ですが、抑圧された情動、思考、空想などに対して、抑圧を強化するような形で働きます。置き換えの種類としては、ここでは「転換（身体化）」と「観念化」を区別しました。前者の「転換（身体化）」は、ヒステリー機制において中心的役割を果たす防衛機制であり、後者の「観念化」は強迫観念に代表されるように強迫性障害において多用されます。

もともとフロイト（一八九四）は、ヒステリーと強迫観念の防衛機制を論じる中で、ヒステリーになるか強迫観念になるかは素因に拠るとし、途中まではヒステリーも強迫も同じ症状化のプロセスを辿ると考えました。すなわち、両者とも和解できない記憶から情動の部分を切り離す点では同じですが、そこからヒステリーは、切り離された情動（興奮）の身体的な置き換えに入り込み、強迫性障害はその情動と別の観念との「間違った結びつき」により、強迫観念に置き換えられる、というのです。

このようにフロイトは、ヒステリーも強迫も、抑圧機制の上に、記憶（考え）と情動の切り離しが起きるところまでは同じプロセスだと考えました。その切り離された情動が、身体へのルートに置き換えられるか、別の関係のない観念へのルートに置き換えられるかの違いに過ぎないことを示したのです。転換と強迫観念を同じ「置き換え」の括りに入れる根拠がここにあるのです。

（3－1）転換（身体化）

これは抑圧された内容、つまり情動や考えをヒステリー症状によって置き換える機制です。ですから、ここでは「健康な範囲」と「病的な範囲」を区分けするのはあまり有用ではありませんので、「病的な範囲」のヒステリー症状の話として説明します。

ヒステリー症状とは何かというと、感覚運動器官にこころの中の不安や葛藤を置き換えていく、身体化していくという転換症状のことです。どういう形で不安を身体症状に転換させるかというと、そこの感覚運動機能を麻痺させるような形で症状化することが多いです。そもそもフロイトのヒステリー患者がそうですね。ルーシー症例においては、家庭教師先の主人への恋心を抑圧し、「葉巻の臭い」が鼻につくという、嗅覚器官の幻臭症状に転換されましたし、エリザベート症例においては、義兄への恋心を「失立、失歩」という運動器官の麻痺として転換されました。

現代では、このような派手なヒステリー症状を呈するひとは少なくなってきたかもしれませんが、たとえば教育現場では、次のような例はそれほど珍しくはないことでしょう。

小学校五年生の女の子が、黒板の文字をノートに写さなくなったので、どうしたのか先生が尋ねたところ、「黒板の文字が見えない」と訴えました。そこで視力検査を行ったところ、視力自体は正常でした。他の日常生活でも、特に目が見えなくて不自由することもないとのことでした。

結局のところ、後々明らかになったこととしては、読書好きで内向的だったその少女は、ある時本読みの時間に「声が小さい」と担任の先生から叱責されたのでした。それ以来、担任の先生が怖くなってしまい、授業中に顔を上げることができなくなってしまったというところから、「黒板の文字が見えない」に発展していったということでした。

その後、担任の先生は、その女の子に優しく接するようになり、症状はよくなりました。

こうした症状は、診断的には「心因性視力障害」と言われるものに該当することでしょう。「担任の先生が怖い」とか「叱られて傷ついた」など、子どもなのでなかなかそうした不安をことばにできなかったりします。「先生が嫌だ」とことばで表現すれば、それで済むような話なのですが、内向的な女の子は、そうした不安をなかなか口にできなかったりします。ことばにできない不安や情動が身体症状化するのは、子どもでなくてもよく起きることです。

大人でもこれに似たこととして、失声症というような、声が出なくなる症状を示すひとがいます。周囲からのバッシングにあったり、強い自責感などから、自己表現ができなくなる症状として失声症が出現したりします。

（3―2）観念化

観念化は、情動とそれに結びついた観念を切り離し、情動の部分を関係のない別の観念に置き換えていく心的機制です。ですから、「健康な範囲」と「病的な範囲」を区分した方が臨床的です。

a　健康な範囲

健康な程度ですと、いわゆる情緒よりも理屈を優先するようなひとが、これに当てはまるでしょう。すなわち、話の回りくどさ、理屈っぽさ、細かさなどとして表れます。あまり本筋ではないような細かいところに話が行って、話が同じところをぐるぐる回るようなひとがいます。なぜそうなるかと言うと、話の理屈っぽさや細かさに拘泥することよって、無意識に自分の気持ちに近づかないようにしているわけですね。気持ちに触れてしまうと、それが溢れてしまったり、コントロールできなくなってしまったりすることを怖れているといえるかもしれません。

話し方の特色ばかりでなく、強迫性は日常生活や人間関係にも表れます。部屋をきちんと掃除したり片づけないと気が済まなかったり、ひとと会うときにも時間に正確だったり、スケジュールを厳守したりします。

ですから、強迫的パーソナリティのひとは、気持ちの触れ合いが苦手だったり、理屈っぽかったりして、いささか煙たがられる面はあるかもしれません。ですが、その一方で礼儀正しかったり、仕事の面では几帳面できちんとこなしたりしますので、重宝される面もあるわけです。

それが病的な範囲になりますと、「強迫観念」に代表される症状化を来します。

b　病的な範囲

強迫観念というのは、自分でもばかばかしいと思いながらも、その考えを振り払えない、というような症状です。たとえば、確認強迫ですと、ガス栓を何度も確認し、頭ではガス栓は閉まっているとわかっているのに、「ひょっとして見落としていたらどうしよう」、「見間違えだったらどうしよう」というような考えが浮かんできてしまい、もう一度ガス栓を確認しないと気が済まなくなる症状です。洗浄強迫でも同じことです。外出先から家に帰り、入念に手洗いするものの、「ひょっとしてまだ黴菌が付いていたらどうしよう」、「目に見えない恐ろしいウィルスがまだ付いていたらどうしよう」という考えが浮かんできてしまい、石鹸を一回で丸ごとひとつ使っても、まだその不安が消えないような状態に陥ります。そのため外出もままならなくなったり、仕事にも行けなくなったりして、現実適応に支障を来してしまいます。

では、これらの症状の背後にどのような情動が潜んでいるかと言うと、一般的には攻撃性の文脈で理解されています。ですから、実際に神経症レベルの強迫性障害のクライエントとお会いすると、攻撃性の反動形成を絵に描いたように用いているひとに出会います。すなわち、とても礼儀正しかったり、紳士的で礼節をわきまえた方だったりします。女性で言えば、淑女のような品のいい方だったりします。そういう礼儀正しさというのは、そのひとの長所でもありますが、逆に言えば、そういう態度や姿勢によってこころの中の情動を防衛しているわけです。それが攻撃性の文脈の情動であることが少なくないということです。

重症洗浄強迫で、十年間も食事の洗い物がまったくできない主婦がいました。心理療法を開始しても、ただ症状や洗い物ができない苦しさを訴えるのみで、内面的な気持ちや考えの話にはまったくなりませんでした。私は、打つ手がないなと思いながらも、彼女の日常生活や症状の話に付き合っていました。

次第に家族の様子が少しずつ口にされるようになってきたのですが、それでも葛藤らしきものは、まったく見当たりませんでした。夫は仕事から帰り、洗い物を文句ひとつも言わずに手伝ってくれる理解のある夫で、彼女は夫には何も不満がないと言いました。クライエントの口からは、葛藤は何も出てこず、私としてはなす術がなく、面接は毎回淀んだ空気の中に浸っているような無力感で満たされました。

そんな面接が三年も続いたでしょうか。いつものように面接していたある時、私が何かの拍子にちょっとしたねぎらいか何かのことばをかけたところ、驚いたことに彼女の目から一筋の涙が零れ落ちたのです。それまで彼女は、いつも面接では、私をまっすぐに凝視するかのように、じっと目を逸らさず顔も動かさない硬い姿勢で座っていました。それだけに、一筋の涙にはたいそう驚かされました。彼女は「悲しいわけではないけど、ただ涙が落ちる」と言いました。

それ以来、クライエントのこころは何十年にも亘って凝り固まっていた氷河が少しずつ溶解し出すように、ことばを発し始めました。そして、これまでとてもよい夫だと言っていた夫への不満が、到頭俎上に上るようになりました。その詳しい内容はここでは記しませんが、結局彼女は「夫の足音を聞くだけでも腹立たしい」と怒りを表現するようになり、寝室も別になりました。

ですが、クライエントは何十年ぶりかに洗い物ができるようになり、強迫症状は好転していったのです。

ちなみに強迫性障害のひとたちも，攻撃性の文脈の情動ばかりが防衛されているとは限りません。このクライエントも，その後「夫に結婚以来一度もプレゼントをもらったことがない」と悲しげに言うに及んでは，彼女が愛情希求をとても求めているひとであることも明らかになっていきました。彼女の恨み・辛みの背景には，愛情を求めても得られなかった悲しさも潜んでいたのです。

（4）知性化

これは比較的適応的な防衛機制です。ですから，健康な範囲と病的な範囲の区別はあまり有用ではありませんので，ここでは健康な範囲の防衛機制として説明します。

知性化は，社会で奨励される，あるいは社会的に認められるような防衛機制です。すなわち，抑圧された欲動や情動を知的活動として展開します。論理的思考や知識の獲得に寄与します。ですから多くは社会的に評価される防衛機制です。勉強，向上心，知識の獲得に向かうわけですので，社会的地位の獲得にも繋がります。ただ何事も適度であることが肝要なわけです。知性化もひどくなると，あまりにも頭で物を考えすぎるということに至ります。ですから，人間関係も理屈で割り切るような，評論家的スタンスになってしまいます。

こういうタイプのひとは，大学教員や知識人には多いものです。理屈や知識で相手を説得したり，ねじ伏せたりしようとするひとですね。場合によっては，理屈ばかりを押し通すことになりかねません。そうなると，情緒的に相手の気持ちを汲み取るような関わりに乏しくなるので，職場や結婚生活がうまくいかなくなって，うつ状態に陥るひとも珍しくはありません。

もともと知性化の出発点は，フロイトによると，幼い子どもの性的好奇心ということです。子どもが自然に性的なものに好奇心を持つのは珍しくないことで、そこから知的探究心が始まるわけですね。また、クラインによれば、母親の身体の内部への乳児の関心が知性化の出発点ということになります。いずれにしろ、好奇心が知性化の源になっているわけですね。

（5）反動形成

抑圧された情動、思考などを反対の意味合いの情動や思考を強調することによって、もともとの情動や思考を意識に上らせないようにするのが反動形成です。これも多くは健康な範囲内です。

a　健康な範囲

健康な範囲内としては、日常的によく見られるものとしては、本当は嫌いな気持ちがあるのに、逆の気持ちを強調するような場合ですね。たとえば、女子高生などが「私たち大親友だよね」など強調している場合、実はこころの中で「あまりこの子は好きじゃないな」という気持ちが潜んでいたりしますね。そうした気持ちを意識してしまうと、付き合うのが億劫になったり楽しくなくなったりするので、抑圧して反対側の気持ちを強調して、本当の気持ちを意識することを防ぐわけですね。

このように反動形成が働いている場合は、どこか誇張されていたり、不自然だったりする印象を受ける場合が少なくありません。それは、逆の気持ちが潜んでいるだけに、それを覆い隠すために表の気持ちを強調する必要があるからですね。

反動形成は、パーソナリティの特性や職業的アイデンティティに発展する場合も少なくないのではないでしょうか。

たとえば、セールスマンのひとは、往々にしてとても腰が低くてへりくだった態度を取ります。もちろんそうした態度が営業上有利に働くことを知っているためでもありますが、その裏には不満や憤りなどをすべてこころに閉じ込め、逆の愛想よさで防衛している側面もあったりするわけです。この場合は、どちらかと言えば攻撃的な情動の反動形成を行っていると言えるでしょう。

依存的な性質の情動を反動形成している場合としては、たとえば自立的で、ひとに頼らないような生き方を選択しているキャリアウーマンなどが考えられるでしょう。そういう方が、若いうちはパワーと若さを武器に男性に伍して働いていたものの、壮年期になって頑張りが効かなくなり、心身の調子を崩すのはそれほど珍しくはないでしょう。男女共同参画基本法のような法律ができたものの、女性は男性に比べて自立的な生き方を志向して、まだ歴史は浅いものです。男のように手を抜くところは抜いたり、甘えるところは甘えたりするような、抜きどころを知らない若い女性も多いかもしれません。自立一辺倒だと息切れしてしまうわけですね。甘えを抑圧しすぎてしまう、ということです。

反動形成がパーソナリティ傾向にまで発展する場合、よくあるのが男らしさや女らしさの強調ですね。男性性を強調して、筋肉隆々の腕っぷしを誇示したり、強面キャラだったりする裏に、とても甘えん坊で依存的なパーソナリティが隠れていたりします。女性性を強調する場合も同様ですね。とてもきれいな女優さんに、男っぽい性格のひとが多い、というのはよく言われるところではないでしょうか。

このように男らしさや女らしさの強調に、反動形成が使用されるのは珍しくありませんが、これらは健康な範囲内のことです。

b　病的な範囲

病的な範囲としては、反動形成は、「置き換え」における「観念化」の機制を補完するような役割を果たします。たとえば、不潔恐怖などは、攻撃的な情動や思考を別の観念に置き換えることが基本ですが、それを補完するために、「反動形成」も使用されます。すなわち、不潔恐怖には、攻撃性などの「汚い」情動が存在するために、それを反対側のきれいなものに置き換えたいという「反動形成」の機制も手伝っているわけです。ですから、反動形成も置き換えの役割を務めるような防衛機制とも言えます。

強迫性障害の面接で洞察が進むと、もともとのパーソナリティが意識化されるようになります。それがとてもだらしなかったり、散らかっていたりするのが本来性に合っている、というようなパーソナリティだったりします。そのようなだらしなさは、やはりこころの中のだらしない気持ちや汚い情動を表していると考えられ、それを怖れるあまりに、「観念化」のルートを通じ、反対の情動的意味合いを持つ潔癖さへの志向に流れ込んでいくわけですね。

このように反動形成は、病的な範囲になると、強迫的防衛機制と結びつくことが多いように思われます。

(6) 昇　華

これは最も健康的な防衛機制です。抑圧された内容を社会的に認められる形で表現する、というものです。生々しい情動が昇華されるには、自我の柔軟性が必要だということですが、これは例を挙げるとわかりやすいです。スポーツ、芸術、趣味嗜好の領域が、ここにもっとも当てはまるでしょう。自分の欲動や情動がうまく社会に認められる形で開かれているということです。ですから、趣味やスポーツというものは、こころの健康のためにとても大事なことです。

逆に言うと、抑圧が強固で神経症症状まで出ているようなクライエントは、趣味がなかったりします。あるいは、あっても病気になって以来趣味がなくなったりしています。ですから、私たちは自分の抱えているようなフラストレーションなり怒りなり依存なりを昇華できると、健康な適応の幅が広がるということですね。

昇華の例として、身近なスポーツですと、わかりやすいのはボクシングですね。街中でやっていればただの殴り合いですが、リングの中ですと、勝てばお客さんから喝采まで浴びるスポーツになるわけです。ラグビーも男性的な荒々しい攻撃性の昇華、あるいは性欲の昇華と言われています。私たちはそのような生々しい欲動を、直接的な手段によって社会の中で表現し、満たすことは許されません。ですから、生々しい欲動は迂回され、社会に受け入れられるような形にして表現される必要があるわけですね。

以上で、抑圧系列の説明を一通り終わります。次には、より原始的な防衛機制とされる「分裂-投影系列」の説明に入ります。

2　分裂-投影系列

「抑圧系列」と「分裂-投影系列」は、かなり質的に異なった防衛機制です。抑圧というのは、こころの中に苦痛な情動や考えが意識化されずに留まっている状態です。こころの奥深くに閉じ込めていると言ってもよいでしょう。ですから、その閉じ込められた情動や考えは、自分のこころの内に属しています。

分裂-投影系列では、苦痛な情動や考えは閉じ込められるわけではありません。それらは、愛情と激しくスプリットしていますので、攻撃性と愛情の中和化がなされず、苦痛は緩和されません。したがって、こころの中に置いておけずに、対象の中に投げ込まれます。ですから、「自分はダメな人間だ」などの自己否定感は、対象に投げ込まれた結果、対象が「自分を馬鹿にしている」という対象側の問題に帰せられます。

この違いは大きいです。なぜなら、自己の情動や考えが自己に属しているものとして体験されるか、あるいは対象側に投じられて対象側の問題として体験されるかでは、主体性の根幹に関わる大きな問題となりうるからです。言うまでもなく、分裂-投影機制が進めば、自己の主体性はどんどん弱化し、精神病的解体にまで至りうるのです。

(1) 対人不安（被害感）

a　健康な範囲

とはいっても、分裂-投影機制を健康なひとがまったく使わないというわけではありません。すでに本文の中で述べてきたように、メラニー・クラインは、ひとのこころの中には被害的で妄想的なこころの布置である「妄想分裂ポジション」と、自己のこころの中の苦痛をしっかりと受け止めることのできる「抑うつポジション」というふたつのこころの様態が存在していることを明確にしました。したがって、誰しも、一過的には、妄想分裂ポジション様の体験様式に陥ることは珍しいことではありません。

たとえば、疲れていたり物事がうまくいかない時などには、私たちは悲観的になったり自己否定的になったりします。仕事でうまくいかない時は、同僚が自分に冷たく思えたり、友達との間でギクシャクしている時には、「自分ってやっぱり好かれていないのかな」などと思ったりします。そのような「対人不安」や「被害感」が不調な時ほど頭をもたげやすいことは、経験上誰しも知っていることでしょう。

ただし、これらの対人不安が生じたとしても、健康な範囲ですとスプリッティング機制は激しく作動しているわけではありません。ですから、嫌われているかなと思ったとしても、すぐにそれを否定するような「今は疲れているからそう思えるんだ」とか「また時が立てば友達との関係もよくなるだろう」など、不安を緩和するようなポジティブな考えも思い浮かべることができるわけです。すなわち、スプリッティングに基づく「単眼的な視点」に嵌り込んだままにはならないわけです。

これが病的な範囲になりますと、スプリッティング機制が激しく作動しますので、対人不安は生々しく自己に襲いかかり、妄想様の単眼的な思考にまで陥ることがあります。

b　病的な範囲

被害感の最たるものとしては、統合失調症の被害妄想があります。統合失調症の被害妄想は、私たちが時にひとに対して抱く被害感とは質的に異なっています。私たちが他者に対して被害感を持つ時というのは、誰か特定の相手です。仲違いしたとか、気まずい関係になったとか、それまで自分と関わり合いのあった、誰か特定の他者に対して被害感を抱くのですが、統合失調症の被害妄想は不特定の他者が対象となります。ですから、誰かれなく自分のことを「付け狙っている」とか、「スパイが自分を見張っている」とか、電車やバスに乗ると「皆が自分のことを噂している」とか、被害妄想の対象となるのは「無名の他者」なのです。自分との繋がりや関わりのない他者に対して、被害感を持つのですから、そこにはその相手との間に被害感を持つに足るだけの情緒的文脈がまったくないわけです。それゆえに被害妄想は「了解不能」と言われますし、しかもその確信の強さは「訂正不能」でもあり、二重の意味で普通の被害感とは違っているのです。

さて、パーソナリティ障害のひとたちも、被害感を強く持つことは珍しくありません。それでも彼らの場合、被害感の対象となる相手は自分の見知った人たちですし、しかも、たいていの場合「留保付き」の被害感です。すなわち、「私は嫌われていると思う」、「私は嫌われているんじゃないか」などという表現で、「思う」や「じゃないか」などの留保が付くわけです。統合失調症の場合は、基本的に「嫌われている」という断定です。そのあたりの病理には大きな違いがあるわけです。すなわち、統合失調症の方がスプリッティング機制がより大規模なので、より単眼的思考になっているわけですね。

（2）理想化

被害感のもう片割れが「理想化」と位置付けてもよいでしょう。すなわち、攻撃性に満ちた情動から成る思考が「被害感」とすれば、愛情希求の激しさから成る情動的思考が「理想化」と言えるでしょう。スプリッティング機制は、愛情と攻撃性の間を激しく分断するように作動しますので、それぞれの情動が極端化され、「被害感」と「理想化」という対象認知をもたらすわけです。

これも「健康な範囲」と「病的な範囲」に分かれます。

a　健康な範囲

この端的な例は、恋愛関係における「蜜月期」に求められるでしょう。恋愛の熱が高まるには、多かれ少なかれ「理想化」が潤滑油になることは珍しくありません。「このひとこそ、私の理解者だ」、「彼女こそ愛情に溢れたひとだ」等々、恋愛の蜜月期においては、パートナーの都合の悪い面は目に入らず、それこそ「あばたもえくぼ」に見えます。多少の欠点は、かわいらしくも見える、ということです。

それが恋愛期間を過ぎ、結婚生活に入れば、「あばたはあばた」という現実がそのまま見えてくるようになります。頼もしく見えていた男らしさが、強引さや自分勝手さの裏返しでもあることがわかるようになったり、同様に、かわいらしく見えていた女らしさが、優柔不断さや頼りなさの裏返しでもあることがわかるようになったりします。すなわち、対象への眼差しが複眼的になるわけですね。

ですが、その時、ふたりの関係は成熟期を迎えるとば口に立つのです。なぜなら、お互いの現実を見ながらも、同時に相手のよい面も見失わずに関係を保てるようになれば、アンビバレンツにも耐えられる、地に足の着いた愛情関係の始まりとなるからです。

もっとも、男女関係においては、最初から地に足の着いた愛情関係を持つのは困難です。お互いの現実の方が先に見えてしまえば、それは醒めた関係となり、愛情生活のとば口に立つまでに至りません。恋愛における「理想化」は、現実の愛情関係を築くうえでの、手始めの動力源となりうるのです。

他にも、理想化は、健康な範囲であれば、ひととの繋がりをもたらしたり、成長にも繋がったりするものです。なぜなら、私たちが人生の途上において、憧れの先輩や恩師に巡り合うことは、私たちの人間関係を豊かにし、ひととしての成長をもたらします。身近なひとが対象でなくても、好きなミュージシャン、作家、アイドルなどへの傾倒にも「理想化」の要素が含まれているでしょう。

私たちの人生は、「理想化」によって、人生の豊かさや繋がりを醸成している部分も少なくないのです。

b　病的な範囲

昔、オウム真理教事件がありましたが、あれなど病的な理想化の極端な例です。病的な範囲の理想化のことを「原始的理想化」と呼ぶことがあります。すなわち、疑うことを知らぬ絶対的な救済者を追い求めてしまうような、狭隘化したこころの情況に陥ることです。ある意味、妄想に近い理想化ですね。教祖の言うことこそ、真実であり、都合の悪い側面はまったく否認されてしまうわけですから。

そこまで病的な理想化でなくとも、パーソナリティ障害のひと、とりわけ境界例のひとたちは、被害的対人不安の傍ら、それを防衛するために「原始的理想化」を作動させることがよくあります。その場合、対象に対する愛情希求は飽くことを知らず、対象をへとへとに疲れ果てさせてしまうほどの理想化に嵌り込んでしまいます。

高校の先生からの相談です。学校現場においても、思春期の境界例心性を持つ生徒と親身な先生との間で、「理想化」を巡る問題は珍しくなく起きています。

女子生徒の相談に乗っているうちに、だんだんと彼女の要求が高まり、困り果ててしまった女性教員の話です。その先生は、女子生徒の家庭環境が不遇なのにもかかわらず、一生懸命クラスをまとめたり、学級委員を務めたりしてくれる彼女に好感を持っていました。ある時、いつも明るく元気にしている彼女が、先生に家庭の悩みを打ち明けてきました。いつもの彼女とは違い、明るさは影を潜め暗い表情で語るのです。母親がいないので幼い妹たちの世話をしていること、父親がアルコールに溺れ、生活費もままならないことなど、それは充分同情に値する話でした。先生は、「母親代わりにはなれないものの、話ぐらい聞いてあげるよ」と言って、たびたび放課後に女子生徒の話を聞くようになりました。

その関係は、しばらくはよかったものの、女子生徒は次第に男友達とも夜遊びするようになっていきました。どうやら先生の延長線上で、男友達にも依存を求め出していったのです。先生はそれを心配し、放課後の相談も次第に時間が延び、夜にまで及ぶようなことが起きてきました。その女子生徒の行動が心配で、なかなか途中で時間が切れなくなったのです。それでも女子生徒の行動は、心配な方向にますます進んでいきました。夜遊びは増え、男の子に裏切られては、リストカットすることも起きるようになっていったのです。彼女は先生に泣きながら訴えるので、その生徒に付き合う時間はどんどんと増えていきました。

彼女の夜遊びなどは歯止めが効かない方向に進み、とうとう先生は彼女にせがまれ、携帯電話の番号を教えることになりました。それからは、夜中でも携帯が鳴り、先生の寝る間もないほどの事態に陥りました。でも先生は彼女の電話に出ないと、彼女が自殺してしまうのではないかと心配で電話に付き合っていたのです。その後、先生は、とうとう教員を辞めようと思うほど疲れ果ててしまったのです。

境界例心性を持つ思春期の生徒が、親切で優しい先生を「理想化」し、依存を求めていくことは珍しくはありません。特に教育現場ですと、医療現場とは違い、いわゆる面接構造などはありませんので、相談があればいつでも応じるという体制がそもそもよしとされています。ですから、余計に境界例心性の生徒との間は、歯止めの効かない依存の悪循環に陥りやすく、対応が難しくなります。結局、この先生の場合は、きちんと生徒と話し合い、電話を受けられる時間枠を決め、あとは大学の相談室に相談の依頼を掛け、問題は次第に収まりをつけていきました。

このように境界例における理想化は、貪欲で歯止めが効きにくく、依存が満たされれば満たされるほど、さらに依存を求めるという悪循環に陥ることがあります。それなのに、リストカットや自己破壊的な行動化は頻発し、依存しているのにちっとも関係が安定しない情況ができあがります。それは、こうした「原始的理想化」は、「対人不安」のスプリットした片割れであり、対人不安を覆い隠そうとする原始的防衛として働いているからです。ですから、真に安心できる愛着や信頼は形成されず、原始的理想化には「板子一枚下は奈落」の対人不信が渦巻いています。したがって、本来はセラピーによって、スプリッティング機制自体を扱い、対人不信と原始的理想化の中和化を図る必要があるのです。

(3) 自己貧困化

「自己貧困化」は、対象に対する「原始的理想化」の裏側で密かに進む、自己側の問題です。もともとはメラニー・クラインが言及した臨床事態です。これを防衛機制の中に含めるのが適切かどうか議論が分かれるところかもしれませんが、臨床の中でよく見られる事態ですので、ここに含めました。

対象への理想化が激しいと、自己側のこころが枯渇化するという事態が進行します。なぜなら、理想化が進めば進むほど、自己の判断や思考を放棄し、対象に預けてしまう性質が強くなるからです。「自分を救ってくれるのは、このひとしかいない」となれば、自分で感じたり考えたり判断したりする自我機能が停止し、挙句の果てには自我の枯渇化が進んでしまいます。ですから、原始的理想化と対になって進む自我の病的事態と言えるでしょう。

また、自己貧困化はスプリッティング機制に基づいています。なぜなら、思考や判断を対象に預けるということは、自己の頼みにできる自我機能の部分を排除してしまっているからです。たとえば、「教祖の判断こそ正しい」と固く信じるこころの情況は、自己の頼みにできる自我機能の部分をスプリットさせ、頼りにならない自己部分のみ意識化されているのです。自己をふたつにスプリットさせ、頼みにできる部分を対象に投影し、理想化の薪をくべているわけです。それによって、自分で葛藤したり、苦しんだりするこころの痛みを回避しようとしているのです。

パーソナリティ障害や境界例のセラピーにおいては、理想化が展開する裏ではこの自己貧困化も進んでいますので、セラピストとしては、注意する必要があります。すなわち、理想化が進めば、クライエントはどんどんとセラピストに判断を預け、いわゆる自分で考えようという努力を放棄していくからです。それに乗ってセラピストが判断の肩代わりをし、クライエントにアドバイスを送っていくとなると、クライエントの自己貧困化に拍車を掛けます。ですから、理想化が強まっていく時にこそ、セラピストはクライエント自身の感じ方や考え方を問う必要があるのです。つまり、「あなたはどう思いますか」、あるいは「私の言ったことに対してあなたはどんな風に思いましたか」など、クライエントの自我機能に働きかける関わり方が大切になるでしょう。

また、セラピストへの理想化が強まり、「先生はとてもやさしい」など持ち上げてくる時には、私でしたら「あなたの中にもひとにやさしくしたいという気持ちがあるので、私の中のやさしさを敏感にキャッチしやすいのかもしれませんね」などと解釈したりします。この解釈は、いわゆる投影同一化を解釈したものです。すなわち、クライエントから理想的な資質として見出されているセラピストの中にあるやさしさは、クライエントの中にそもそも存在する資質だからこそ、対象の中に発見されやすくなっているわけです。ですから、それを解釈することによって、セラピストを通じて、クライエント自身が自己のよい資質を発見できる契機ともなりえます。自己貧困化を防ぐばかりではなく、クライエント自身が「内的なよい自己との繋がり」を見出し、こころの可動域を広げるためにも重要な視点だと考えられるのです。

ちなみにこの良性の投影同一化の着想は、すでに本論の中でも述べてきましたし、もともとはメラニー・クライン（一九五五）の着想した視点です。詳しくは拙論（二〇一〇）をご参照ください。

3　どちらの系列でもありうる防衛機制

ここでは、「共感」「躁的防衛」「行動化」「心身症化」に分けて考えてみました。共感のみ、他とは性質を異にした防衛機制ですので、いささか説明に工夫を凝らしました。躁的防衛以下は「抑圧系列」と「分裂-投影系列」の両系列がありうる防衛機制として説明しています。

(1)　共　感

共感は、愛情と攻撃性の情動がほどよく中和され、自己のこころの痛みを通して、対象のこころの痛みを実感したり、理解できたりする心的機制です。他者のこころを理解するための高次の防衛機制です。

こうした心的機制を防衛機制の観点からどのように理解するかということですが、次のように考えられないでしょうか。

まず、共感の場合には、こころの中から悲しみや辛さなどの苦痛な情動が排除されていない、ということです。それらのこころの痛みは、はっきりとは意識されていないにしろ、ぼんやりとはこころの中で体験されています。これが意味するところは、苦痛な情動がこころの中に留まっている、すなわち抑圧機能が働いている、ということです。ですから、共感の場合には、苦痛な情動がスプリットされた後、投影されてしまい、自己の辛さが体験されなくなる、という狭隘化した心的情況には至りません。

次に、この抑圧機能が働いている上に、苦痛な情動の一部が対象に投影され、対象の中に苦悩が見出されやすくなっている、と考えられます。自己のこころを通して対象の苦悩を察知するには、やはり自己の中に苦悩が留まっている、というこころの基盤が必要になるように思われます。それだからこそ、自己と対象との間に心的苦痛という繋がりが生まれ、対象の中の苦悩に対する共感的理解に発展しやすいように思われるのです。

これが、自己の中に苦痛が留まらず、ひたすら対象の中に排出されていってしまうと、「苦悩を抱えているのは、自己ではなく対象である」という体験様式に陥り、そうなると、いじめに発展しやすい対象関係が醸成されてしまいます。なぜなら、自己の苦悩を避けるために、どんどんと対象にそれを投影していくと、「自己の中には苦悩がない」という快感が得られますので、ますます投影する対象が必要とされます。そして、「弱いのは対象で自己は強い」という偽りの対象関係が形成され、それを維持するために、いじめという具体的な手段が駆り出されるのです。

このように共感といじめは紙一重のところがあると言えるかもしれません。苦悩が自己の中に留まらないと、いじめに発展しやすい側面があるのです。ですから、フォナギーら乳幼児精神医学の専門家は、児童虐待のセラピーとして「内省的自己」、言い換えれば「こころに悲しみを体験できること」を眼目に置いています。すなわち、虐待においては、母親は自らの受け入れ難い自己否定感などを自分の子どもの中に投影し、「子どもが自分を嫌っている」というような被害的認識に基づいて、思わず子どもに手を挙げてしまうというのです。ですから、虐待を根本的に防ぐには、母親自らが「自分の母親から愛されなかった」という苦痛な感覚をセラピストとの関係の中で「悲しむ」ことが必要なのです。その後に、そうした苦痛な自己認識がようやく受け入れ可能となり、子どもに投影することなく、こころの中に抱えられるようになるわけです。

このように児童虐待のセラピーにおいても、「悲しむ」ということが自らの苦痛な感覚に対する弔いになり、それは、「自己への共感」に繫がっていく営みとして重視されています。

さて、共感の身近な例としては、幼い女の子のお人形さん遊びの中に見られます。女の子がお人形さん相手に「おっぱいがほしいのね」、「おむつが濡れて気持ち悪いね」と語りかけたり、あるいはお人形さんの服を着せ替えて遊んだりしている姿には、共感の原型となるような関係性が読み取れます。すなわち、幼い女の子は人形の中に「世話をされたい自己」や「愛されたい自己」を投影し、自分が母親に成り代わってお人形さんを世話しているのです。それによって、自己の中の世話されたい幼児的願望を満たそうとしているわけです。

このように「共感」は、他者をも自己をも、いたわり慈しむことのできるような、よい関係性の礎を築く高次の防衛機制と言えるでしょう。

（2）躁的防衛

躁的防衛は、気分の高揚感によって、人生に付きものの辛さ、悲しさなどの抑うつ的諸感情が体験されないようにするという防衛機制です。この防衛機制は、そうした悲哀感が単に自己の内面で抑圧され、逆の高揚感で防衛される比較的高次のレベルと、悲哀感を他者に押し付けて、自己の側は高揚した気分状態を獲得しようとする低次のレベルがあります。ですから、ここでは「抑圧系列」と「分裂-投影系列」のふたつに分けて説明するのが適当かと思われます。

a　抑圧系列

抑圧系列の躁的防衛は、こころの中の抑うつ感情を抑圧するのみならず、逆の高揚した感情で気分を覆い尽くし、抑うつ感情の意識への浮上を阻止しようとするものです。たとえば、失恋して悲しい時にカラオケに行ってから騒ぎしたり、試験に落ちて辛い思いをした時に、賭け事に有り金を注ぎ込んで気晴らししたりするようなことです。ですが、抑圧レベルの場合ですと、こころの中に悲しみや辛さは留まっているわけですから、いずれ気持ちが落ち着いてきたら、それらの悲しみがじわじわとこころに滲んできて、しみじみとした悲しさが体験されることも珍しくないものです。

こころ痛む例ですと、震災時に親を亡くした子どもたちの例です。その際、子どもたちは親を亡くした衝撃をすぐに表すわけではなく、一見それまでの生活と変わらず明るく遊んだり振る舞ったりします。周囲の大人もその明るさに安堵したり、いささか不思議がったりもします。これも躁的防衛と言えるでしょう。その証拠に、次第に時が経つと、急に泣き出したり眠れなくなったりなど、心身の不調を訴え出したりして、悲劇の爪痕が顔を覗かせたりするからです。

こうした場合も、こころに受け止めきれないほどの衝撃は、いったんはこころに閉じ込められ、何事もなかったかのように明るく対処されます。その後、時の経過とともに次第にその防衛が緩み、意識を脅かすようになる例として理解されるでしょう。

b　分裂-投影系列

分裂-投影系列の躁的防衛ですと、まずは自己の抑うつ感情をスプリットさせ、対象に投影していきます。対象に抑うつ感情を押し付けるわけです。ですから、「私が悲しいのではなくて、あなたが悲しいのだ」という体験のされ方になります。その上で、その投影プロセスを強化するために、さらに躁的防衛が加わります。すなわち、相手が悲しむ姿を思い浮かべて軽蔑したり、「私の方が元気だ」と勝利感を抱いたりします。さらに悪質になると、「行動化」と組み合わされて、対象に対して暴力等のアクションが引き起こされます。それが虐待やいじめです。

虐待やいじめの中には、自分の中の悲しさを他者に押し付けようとするようなこころの営みが働いています。そのため他者に悲しくて惨めな思いをさせるために、いじめが行われるのです。すなわち、誰かをいじめればいじめるほど、自分は強い側に回ります。つまり悲しくない側です。あるいは惨めでない側です。ですから、自己の抑うつ感情の防衛として虐待やいじめが使われやすいのです。

さらに、いじめも悪質になると快楽色を強くします。いわゆるサディズムに近づくわけです。サディストは、対象の苦痛な様子を見て快楽を感じるわけですが、そこには自己の中の苦痛を対象に暴力的に押し付けることに伴うサディスティックな快感が加わっているからです。対象の苦しむ姿を見て気分が高揚するわけですから、倒錯的な躁的防衛と言ってもよいでしょう。ですが、彼らとて成長過程で辛い生育を経験していたり、みじめで愛されない親子関係を経験していたりなど、もともとはこころの中に苦悩を抱えていたわけです。それがある時から反転して、他者をいじめることで自己の苦痛を快楽に変える術を覚えてしまったわけですね。同じ躁的防衛と言っても、分裂-投影系列は、抑圧系列とは違った性質の悪い躁的防衛になりやすいですね。

(3) 行動化

行動化は、自己の中の苦痛な情動を行動によって発散しようとする防衛機制です。これも抑圧系列と分裂-投影系列のふたつのレベルがあります。つまり、単に抑圧された情動が自己の行動によって発散されるレベルから、分裂-投影されて、他者を行動によって巻き込むようなレベルまであります。

a　抑圧系列

抑圧系列ですと、自己の中の抱えきれない情動を単に行動によって発散するレベルと言えるでしょう。ですので、単純な例で言えば、怒りの気持ちを抱えきれなくて大声を出したり、声を出すだけでは気が済まなくて物を壊したりするレベルまであるでしょう。要は怒りの発散に行動が利用されているわけです。

最近若いひとによくみられるのは、スケジュールを一杯にして忙しくする、という行動化があります。なぜ忙しくするのかというと、スケジュールが詰まっていなかったり、暇だったりすると、退屈感や空虚感がこころに去来してしまうからです。そのため予定を詰め込むことによって、それを防ごうとしているのです。こころの中の虚しさを行動化によって防衛しているわけですね。

特に思春期の女子は、この行動化を用いることが少なくないようです。予定がないと、自分が必要とされていない、価値がないと感じられるようですね。内的現実の空虚さを外的現実の行動によって代替しようとする、いまどきの若者心性の一端を表しているのかもしれません。

子どもの場合ですと、ことばで気持ちを表すにはまだ充分発達が追い付いていませんので、行動が気持ちの代わりの表現となることが多くみられます。嫌なことがあったり思い通りにならなかったりすると、癇癪を起こしたり駄々をこねたりします。また嘘も行動化のひとつです。自分の中に別の本当の気持ちがあって、それを体験したくないために嘘をついてしまいます。あと習癖もそうですね。指しゃぶり、爪かみ、性器いじり、抜毛などですね。これらの行動の背後には、たとえば弟や妹が生まれたりして、今までのようには親に甘えられない、抱っこしてもらえないなど、愛情に対する飢餓感が潜み、そうした行動化に結びついたりしていることは珍しくはありません。非行もそうです。親に愛されないフラストレーションがあって、外で悪い行動をして憂さを晴らしたり、徒党を組んで騒ぎまわったりするわけですね。

これらが抑圧系列というのは、基本的に他者を利用した行動化ではないからです。自分ひとりのこころの問題に留まっているからです。非行で騒ぎまくってひとに迷惑をかけたとしても、騒ぐために誰かを利用しようとしているというよりも、騒ぐこと自体が憂さ晴らしになって面白いから騒いでいるわけですね。ですから、結果的に他者に迷惑をかけてしまったとしても、それ自体が目的ではありません。分裂-投影系列の行動化になると、そうはいきません。

b　分裂-投影系列

分裂-投影系列になると、ひとを巻き込む形での行動化となります。それは、自己の中のフラストレートされた苦痛な情動を積極的にスプリットさせ、投影していく他者を求める、ということです。非行でも、先ほどの騒ぎまくるだけのタイプとは違い、憂さを晴らすために暴力の矛先となる他者を必要としますし、性的行動化なども、刹那的な親代理対象として、愛情飢餓を満たす異性を必要とします。

すでに「躁的防衛」の項で述べましたが、行動化は躁的防衛と結びつきやすいものです。なぜなら、自己の不快な情動を行動によって発散したり、吹き飛ばしたりすることに目的があるからです。ですから、抑うつ不安の防衛になっていることが多く、そのために躁的防衛が使用される頻度が高くなるし、その躁的防衛の具体的な手段が行動化になりやすいのです。

分裂-投影系列の行動化は、自己の不快さの解消のために他者を利用するという体を取りますので、いじめや虐待に連動しやすく、性質が悪いですね。

（4）心身症化

心身症化には、ストレス性の胃潰瘍、本態性高血圧、脱毛、筋緊張性頭痛などが含まれます。ストレスや心理的要因が関与して、器質的変化が生じ、身体の病気にまで至る、というものです。もっとも胃潰瘍や高血圧と言っても、全部が全部ストレス性というわけではありませんので、そこは注意が必要です。単にお酒を飲みすぎたり、不摂生によって胃潰瘍になったりしても、それは心身症とは言いません。あくまでもストレスや緊張など心理的要因が大いに関与しているものについて、心身症と呼ぶことになっています。

また、心身症がなぜ防衛機制に組み入れられるかというと、苦痛な情動が意識化されたり体験されたりしない代わりに、身体がその代わり（防衛）として使用されるからです。

心身症化も抑圧系列と分裂-投影系列を分けて考えてみました。そうして分けた方が、一般的な心身症と摂食障害のような特殊な心身症とを区別して考えやすいからです。

a　抑圧系列

抑圧系列ですと、とりわけフラストレートされた気持ち、苛立ち、怒りなどの攻撃的な性質の情動が抑圧された結果、心身症に至ると考えられています。抑圧された情動がストレスとして、自律神経系支配下の身体器官を侵襲しやすくなるわけです。

抑圧系列の代表的な心身症というと、ストレス性の胃潰瘍、高血圧、脱毛などです。脱毛は、小さい子どもでも大人でもありますが、円形性脱毛症がよく知られているでしょう。頭の一部の髪の毛が丸い形で抜けます。全脱毛という、髪の毛がすべて抜けてしまう場合もあります。特に子どもには珍しくありません。女の子でもバサバサ髪が抜けてしまうことがあります。女の子だと生える力が強いので、またすぐに生えてくるのですが、髪の毛を少し引っ張っただけでも、バサバサ抜けたりします。その光景には驚かされます。

健康なひとにも馴染みのところで言えば、筋緊張性頭痛があります。日頃の緊張、たとえば対人緊張なり仕事や学校での緊張なりが、肩の凝りを通して後頭部に及び、頭痛に繋がるケースは珍しくありません。これもストレス性のものに数えられるでしょう。

なお、先にお話しした転換との違いになりますが、転換も心身症化もどちらも身体症状として出現するわけですね。今日では、身体の症状に関して機能的、器質的という区分は次第に用いられなくなっていますが、転換と心身症の違いを説明する場合に、この概念は役に立ちます。すなわち、転換は機能的変化です。感覚運動器官の麻痺などが生じ、身体の機能がうまく働かなくなります。ですが、細胞レベルの変化にまでは至っていないわけですね。心身症はストレスによって身体の細胞部位が損傷されたりする、器質的変化です。ですから、実際に細胞が傷つき、胃潰瘍にまで至るわけです。そういう違いがあります。

b　分裂-投影系列

分裂-投影系列の心身症化として、摂食障害を挙げました。心療内科などでは、摂食障害は心身症や身体表現性障害に含められていますね。それゆえ、摂食障害を心身症として見たとき、どのような防衛機制として説明できるか、考えてみました。

そもそも摂食障害に関しての理解には、諸説ありますので一概には言えませんが、摂食障害の中核心性として強烈なやせ願望があることは、ひとしなみ共有されているところでしょう。やせ願望の強烈さを示す証としては、身長が百六十センチ程度の女性でも体重が二十キログラム台に突入して、なかには命を落とすひともいるほどです。こうした強烈なやせ願望が、一般女性のやせ願望と質を異にするのは明瞭でしょう。

摂食障害にも、いわゆる拒食型と過食型という二つのタイプがありますが、拒食型のタイプですと、どこまで痩せても際限がなく、満足もしないという事態が生じます。ですから、二十キログラム台に突入しても、「まだ太っている」と言うわけです。脂肪という脂肪、体重という体重をとことん削ぎ落としてしまおうという、徹底的な強迫性が見られます。

どうしてここまで、脂肪を忌み嫌う必要があるのでしょうか。そこには、無意識のこころの働きが大いに関与しているように思われます。すなわち、摂食障害は、自己の中の苦痛で排除したい情動を、自己の身体（脂肪）

に投影している心的情況と考えられるのです。しかも、その苦痛で排除したい情動というのは、単に怒りや依存というような、情動の一部ではなく、もっと自己の存在を脅かし恐怖させるような不安と考えられます。すなわち、強烈な自己否定感などです。

摂食障害は、自己の脂肪や体重を「不幸の根源」とみなし、そこに苦痛で耐えがたい「自己否定感」を大規模に投影していっているのです。そのため、「不幸の根源」とみなされる「脂肪」をとことん削ぎ落とそうとするのではないでしょうか。

こころの様態としては、カルト宗教の「狂信」に似ています。「やせればなんの悩み苦しみもない世界が訪れる」と信じているのです。「教祖の教えを守れば救われる」と信じるのと構造的には同じです。

実際のところ、体重が三十キログラムを切るくらいになると、低栄養になり肝機能や脳機能が低下しますので、あまり頭が働かなくなります。つまり、考えられなくなるわけですが、そうなると悩むことも確かに減るわけです。ですから、一見悩み苦しみから解放されたような錯覚を味わいます。それがさらにやせへの強力な動力源になりえます。

ですが、逆に言うと、やせていない時は人間関係にとても過敏で悩まされているわけですね。友達関係や親子関係で傷ついたり、くよくよしたりしているわけです。それがやせて頭が働かなくなることによって、くよくよから解放されたような気持ちになります。ですから、さらにやせればさらに悩みのない世界が訪れるのではないかという悪循環に陥っていくのです。麻薬みたいなものですね。

これはかなり中核群です。ここまで徹底的なやせまでには至らない過食型もありますが、いずれにしろ、すべての不幸の根源が脂肪や体重とみなされ、もともと潜在している強烈な「自己否定感」がそこに大規模に投影されている心的事態として考えられなくもないのです。

〔補足〕

馬場先生は私にとって臨床の節目において、偶然とは思えないような導きの糸となっていただいた方です。本書においても馬場先生のお力を借りることになり、深いご縁を感じないわけにはいきません。したがって、ここで少し馬場先生との個史に紙幅を割くことをお許しください。臨床家が育つことを考える上で、読者諸兄の参考になればと願います。

私が馬場先生から初めてご指導いただいたのは、すでに三十年以上も前でしょうか。先生と亡くなられた小此木啓吾先生との共著である『精神力動論――ロールシャッハ解釈と自我心理学の統合』（一九七二）を読んだことが契機でした。当時私はちょうど精神分析の人間理解に魅せられ始めた時期でした。

五百ページにもなんなんとする、その大著を読みだした途端、私はロールシャッハテストと精神分析に通底する無意識の世界の解明に目を奪われました。ですが、当時の私には力不足で、どうしても理解できぬ箇所がいくつかあり、周囲の先輩などにも尋ねたりしていたのですが、納得のゆく説明は得られず、到頭私は意を決して馬場先生に手紙を書くことにしました。その内容はすでに昔のことゆえ、はっきりしたところまでは覚えておりませんが、確かロールシャッハテスト上におけるヒステリー反応と統合失調症の反応に関する質問だったのではないかと思います。驚くべきことに、馬場先生からのご返事は比較的速やかに届き、私は雲の上の存在のような先生からのお手紙に、たいそう感激したことを覚えております。馬場先生に対する憧れは、ますます膨れ上がっていったものです。

もともと文学青年であった私は、その後も先生のご著書を紐解きましたが、なかでも作家の無意識をロールシャッハテストによって分析した『心の断面図　芸術家の深層意識』（一九七九）には興奮しました。私のお気に入りだった吉行淳之介を、すべてお見通し的な慧眼さで、バッサリと分析されていたのには痛快だったことを覚えています。

その後も私は馬場先生の著作から学び続けました。次に私の目を見開かせてくれたのは、『境界例――ロールシャッハテストと心理療法』（一九八三）でした。当時私は、すでに精神科病院から総合病院の精神科に職場を変わり、常勤としての臨床経験も四、五年経っていました。少しずつケースの経験も積み重ねていましたし、ロールシャッハテストの数は五十は経験していたと思います。その頃、ちょうど境界例が盛んに臨床場面に登場し出した時代で、私たち臨床心理士にも鑑別診断のために、精神科医からロールシャッハテストがよく依頼されるようになってきた情況がありました。

しかし、その当時、ロールシャッハテストにおける境界例の知見として、現場の臨床家の目にかなうような研究は見当たりませんでした。そこに馬場先生は、またしても颯爽と手を差し伸べてくれたのです。私は、馬場先生のその著作を一読するなり、ロールシャッハテストにおける境界例の知見は、ここに極まれり、と確信しました。「併存型」と「結合型」の二大分類に従って、境界例の防衛機制をロールシャッハ上で解析して見せたその手腕に、未だに及ぶ研究はないでしょう。今の若い臨床心理士が、馬場先生の『境界例』を読まずして、パーソナリティ障害のロールシャッハの所見を書いているとしたら、怠慢の誹りは免れないかもしれません。ぜひ勉強してください。

実際に馬場先生とお会いしたのは、最初の手紙から五、六年経った頃でしょうか。私が初めて公の場で症例報告を行った、一九八八年の日本心理臨床学会大会においてでした。馬場先生は、私の発表の助言者を務められ、私は長年憧れていたまだ見ぬ魅力的な女性でもあり分析家でもあった馬場先生に、恐怖と期待のないまぜになったこころ持ちにて、しかも初めての発表だったこともあり、たいそう緊張して臨んだことと思います。今から二十六年も前なのに、その時の情景は案外鮮明に覚えています。発表は、結構散々なものでした。私は摂食障害のセラピーを報告したのですが、馬場先生からは好意的な励ましは得られず、むしろ私のセラピストとしての姿勢に疑問を呈されたような記憶があります。

憧れというものは、失意に終わりやすいものだということを、私はそれまでにもわかっていたつもりでしたが、そこで私は甘かった自己の姿勢を正し、馬場先生の師事する自我心理学とは違って、対象関係論の方向にまい進するようになりました。

私の青年期における一里塚に、馬場先生は臨床家としての厳しさを刻印付けてくれたのです。

ですが、その後も、肝心な時に私は馬場先生のお世話になりました。私が東京都立大学から博士号を取得した二〇〇五年に、審査を務めていただいた外部委員が、馬場先生でした。博士号の取得は、私が大学教員になり、初めての大きな業績でした。それを基に、後に『対象関係論の実践』（二〇〇八）として刊行がかなったのも、馬場先生のおかげがあったからこそです。

さらに昨期まで私は、日本精神分析学会の臨床心理委員会の委員長の任を務めておりましたが、外部委員として馬場先生には陰に陽にご支援をいただきました。

このように、臨床家としての私の歩みの要所において、私は馬場先生から御恩を受けました。この本の最後を締めくくる本章においても、馬場先生のお力を借りることになり、深く感謝を申し上げる次第です。

おわりに

「こころを使う」から「本当のことを言おうか」へ、さらには「遊びの彼方」へ

本当のことを言おうか
詩人のふりはしているが
私は詩人ではない

谷川俊太郎（「鳥羽」より抜粋）

私は谷川俊太郎という詩人が特別好きなわけではありません。ですが、なぜか谷川のこの詩の一節は、私の頭の片隅にこびりついています。ここには谷川の乾いたニヒリズム、そのニヒリズムの底には、さらに乾いた攻撃性の痕跡が感じ取られるせいかもしれません。

この詩の一節を引用したのには、意味がないわけではありません。私には、心理療法の真髄と通底する視点が含まれているように思われるのです。

心理療法を語ることばは、本書もその例外ではありませんが、夥しいほどの概念や理論によって埋め尽くされています。セラピストの数だけそれぞれの理論があるようにも思われます。受容、共感に始まり、解釈、コンテイニングに至るまで、実に多様です。私は臨床経験を重ねる中で、心理療法の効用のひとつが、案外シンプルな原理から成り立っていると思うようになりました。それが、谷川の詩の一節にもある「本当のことを言おうか」に通じることなのです。

「本当のこと」というのは、何かひとつの真実があるなどといった、絶対的な真実のことを言っているわけではありません。こころの真実なんてものは、ひとの数だけあると言ってもいいくらい、多義的で曖昧なものです。ただ、言えることは、「私にとっての真実がある」、「私には実は本当に思っていることがある」という類の真実だけです。それを「内的真実」ということばに言い換えてもよいでしょう。

心理療法においては、本書の副題にも示した「こころを使える」ようになると、「本当のことを言おうか」という関わりが生まれてくるように思われます。それは、他者との間でもそうですし、自己自身のこころとの間でも「本当のこと」が交わされるようになるのです。

あるアスペルガーの女性です。彼女は、面接開始後三、四年経った頃、私が彼女の求めに応じて、彼女のことを「発達障害系の傾向があるかもしれない」と説明した時、「私を障害者扱いするのか」といきり立ち、席を蹴立てて面接室を出ていきました。その後、四、五年経った頃のやり取りです

セラピスト：「あなたの話が同じ話の繰り返しになってしまい、くどく感じられるのでしょうね。それは私も感じますよ」
クライエント：「どうして話がくどいとひとは嫌がるんですか？　私は話していてスッキリするのに」

もうひとりパーソナリティ障害の女性です。彼女は、自己愛的なあまりに自分の容姿に絶望し、真剣に練炭自殺を考えていたひとでした。私もいつか既遂されるのではないかと、覚悟を決めて面接をしていたひとです。

セラピスト：「あなたが欲張りなんでしょうね。百パーセント満足しないと気が済まないから」

クライエント：「欲張りじゃないわ！　欲張りってなんですか。こんな可哀想な子を相手に」

私の発言は、セラピストとしてはどちらも普通ではありえない、乱暴なものの言い方です。ですが、彼女たちは、もともと希死念慮の強いひとたちでしたが、今では死にたいという気持ちは陰を潜めています。むしろ「生きたい」というように、自ら生を望む心境に到達しているのです。前者の女性は、生きるために、自らの欠点を受け止めようとし、後者の女性の「いきりたち」は、私たちふたりの間では、今では「お決まりの文句」のような要素が含まれています。

彼女たちは、ことばでこそはっきり言い表しませんが、私との間には、「本当のことがある」と思っているようです。このセラピストは「本当に思っていること」を言っている、という信頼があるようです。それが心地のよい空間になり、彼女たちのこころの風通しもよくなっているのかもしれません。前者のアスペルガーの女性は、「先生だって家に帰れば、私のお父さんと同じように子どもたちに嫌われているかもしれないし」と言って、あっけらかんと笑います。後者の女性は、「何が普通の不幸なのよ、私は特別不幸なんだから」と言って、相変わらずお決まりのように食ってかかってきます。

ですが、私たちの間では、そのやりとりはもはや「そこそこ快適」なのです。なぜなら、「本当に思っていること」を言っても、破壊されない関係性への手ごたえがあるからです。

ただし、ここまで来るのに十年の歳月が要されています。「本当のこと」は破壊性と裏腹です。なぜなら、「本当のこと」には、攻撃性のエキスが含まれているからです。もし関係性の基盤やコンテインする自我の力が弱かったりするうちに、「話がくどい」や「欲張り」のような言辞を弄していれば、それらはことばの暴力となり、ひどく破壊的な作用をもたらすことでしょう。「本当のこと」は、「取扱注意」であることは、論を待ちません。そこに辿り着くまでに、本書でお示ししたように、さまざまにクライエントの心持ちを理解していく作業が必要ですし、破壊性を抱えられるだけのよい自己との繋がりも必要になります。

また、「本当のこと」の伝達には、セラピスト側の要因も見逃せません。セラピストが単に知的に理解したことを伝達したのでは、破壊的になりえます。それには、ビオンの言う「もの想い」の下支えが必要になるでしょう。すなわち、「本当のこと」が醸成されるには、クライエントから非言語的に伝わってくる、破壊性、愛情、絶望、希望などの情動を、セラピストが一旦こころの中で深く受け止め、こころの空間において漂わせることによって、ようやく「取り扱い可能」になる変性を遂げるのです。ここでも、セラピスト側のこころ砕いた感性が抑うつポジションで機能することによって、破壊性をうまく解毒する触媒を果たしているのでしょう。ある意味、セラピストがどのような「もの想い」の心持ちで、「それ」を伝えるのかが決定的に大事になるのです。

思えば、フロイトは、愚直なほど「本当のこと」しか言わないひとでした。思春期の少女ドラに向かって、彼女の咳症状の背後に「フェラチオ空想」があることを大真面目に説いたひとでした。その挙句、ドラは憤慨し面接中断に至ったのですが、成人して後、フロイトだけが自分に真実を語ろうとしたと回顧しているようです。ドラにはフロイトの「本当のことを言おうか」は、こころに届いていたのです。成人して後、ドラのこころの体験世界が広がり、それがとても得難くも、心地のよかったことに気づいたのかもしれません。

メラニー・クラインもウィニコットもビオンも、皆愚直なほど、「本当のことを言おうか」というひとたちでした。その結果、分析サークルを攪乱させたものの、彼らの「本当のこと」は、私たち臨床家のこころの可動域を広げ、今なおその種子を撒き続けているのです。

「本当のことを言おうか」は、現代の「取り繕い社会」の中では、今後ますます隅に追いやられるかもしれません。ですが、それだけに心理療法の面接空間の中では、クライエントとセラピストとの間に命の息吹を吹き込む貴重なエキスとなりうるのでしょう。

さらに、「本当のこと」に含まれている危険な破壊性がこころの器によって抱えられ、その危険性が減じられたとき、「本当のこと」は「自己表現」の昇華経路に連なる展開を見せるのでしょう。その時私たちは、ウィニコットの言う「中間領域」にて遊びに興じることを求めて止まぬ「遊ぶ人間（ホモ・ルーデンス）」と化すのかもしれません。人生という舞台は、「自己表現」への途が対象との交わりを触媒に準備された、「遊び場の仕掛け」のようにも思われます。

精神分析的な心理療法を志す読者諸兄に、この書が、「こころを使う」から「本当のことを言おうか」へ、さらには「遊びの彼方」へと通じる、その手始めの第一歩となれば、望外の喜びです。

最後になりましたが、これまで私の耳には痛いものの、「本当に思っていること」を言って下さったクライエント、先輩諸兄、臨床や教員仲間たち、バイジーや院生諸君、妻真紀子、長女美祈、長男優樹、さらには私の書くものにいつも関心を示し陽の目の当たる機会を設けてくださる、誠信書房編集部児島雅弘氏にも、こころより感謝いたします。

参考文献〔邦訳書中の年号は原典の出版年を示す〕

馬場禮子（一九七九）『心の断面図　芸術家の深層意識』青土社
馬場禮子（一九八三）『境界例――ロールシャッハテストと心理療法』岩崎学術出版社
馬場禮子（二〇〇八）『精神分析的人格理論の基礎』岩崎学術出版社
ビオン、W・R（一九九四a）『ビオンとの対話――そして、最後の四つの論文』金剛出版
ビオン、W・R（一九九四b）『ビオンの臨床セミナー』金剛出版
土居健郎（一九六一）『精神療法と精神分析』金子書房
土居健郎（一九七一）『「甘え」の構造』弘文堂
土居健郎（一九九二）『新訂　方法としての面接』医学書院
フロイト、S（一八九四）「防衛-神経精神病」『フロイト著作集6』人文書院
フロイト、S（一八九五）「ヒステリー研究」『フロイト著作集7』人文書院
藤山直樹（二〇〇八）『集中講義・精神分析（上）』岩崎学術出版社
藤山直樹（二〇一〇）『集中講義・精神分析（下）』岩崎学術出版社
藤山直樹（二〇一一）『精神分析という語らい』岩崎学術出版社
ギャバード、G・O（二〇一〇）『精神力動的精神療法［DVD付き］――基本テキスト』岩崎学術出版社
笠原　嘉（二〇〇七）『精神科における予診・初診・初期治療』星和書店
衣笠隆幸（二〇〇〇）「対象関係における情緒と解釈の問題」精神分析研究、四四巻一号、五二－六〇頁

クライン、M（一九二七）「児童分析に関するシンポジウム」『メラニー・クライン著作集1』誠信書房
クライン、M（一九四六）「分裂的機制についての覚書」『メラニー・クライン著作集4』誠信書房
クライン、M（一九五五）「同一視について」『メラニー・クライン著作集4』誠信書房
クライン、M（一九五七）「羨望と感謝」『メラニー・クライン著作集5』誠信書房
松木邦裕（一九九八）『分析空間での出会い――逆転移から転移へ』人文書院
松木邦裕（二〇〇五）『私説 対象関係論的心理療法入門――精神分析的アプローチのすすめ』金剛出版
成田善弘編著（二〇〇四a）『心理療法の実践』北樹出版
成田善弘（二〇〇四b）『青年期境界例』金剛出版
小此木啓吾・馬場禮子著（一九七二）『精神力動論――ロールシャッハ解釈と自我心理学の統合』医学書院
ローゼンフェルト、H（一九七一）「精神病状態の精神病理への寄与」『メラニー・クライン トゥデイ①』岩崎学術出版社
ローゼンフェルト、H（一九八七）『治療の行き詰まりと解釈』誠信書房
スィーガル、H（一九八一）『クライン派の臨床』岩崎学術出版社
祖父江典人（二〇〇八）『対象関係論の実践』新曜社
祖父江典人（二〇一〇）『ビオンと不在の乳房――情動的にビオンを読み解く』誠信書房
祖父江典人（二〇一一）「ビオンに学ぶ分析臨床――『心的苦痛』と『複眼の視点』」精神分析研究、五五巻四号、二一－八頁
祖父江典人（二〇一二）「悲しみをこころの中に置いておけるために」細澤 仁編著『松木邦裕との対決』岩崎学術出版社
シュタイナー、J（一九九三）『こころの退避』岩崎学術出版社
スターン、D・N（一九八五）『乳児の対人世界 理論編』岩崎学術出版社
ウィニコット、D・W（一九七五）『小児医学から精神分析へ――ウィニコット臨床論文集』岩崎学術出版社

ハ 行

マ 行

ヤ 行

ラ 行

サ 行

タ 行

ナ 行

索　引

ア　行

カ　行

著者紹介

祖父江典人（そぶえ・のりひと）

1957年　生まれる
1980年　東京都立大学人文学部卒業
名古屋大学精神科医局心理研修生，国立療養所東尾張病院心理療法士，厚生連厚生病院臨床心理士，愛知県立大学教授，愛知教育大学教授を経て，
現　在　名古屋心理療法オフィス主宰
博士（心理学）
専　攻　臨床精神分析学

著訳書　『対象関係論の実践』新曜社　2008
『ビオンと不在の乳房』誠信書房　2010
『松木邦裕との対決』（共著）岩崎学術出版社　2012
『日常臨床に活かす精神分析』（共編著）誠信書房　2017
『公認心理師のための精神分析入門』誠信書房　2019
ビオン『ビオンとの対話』金剛出版　1998
ビオン『ビオンの臨床セミナー』（共訳）金剛出版　2000
スィーガル『メラニー・クライン』誠信書房　2007

対象関係論《たいしょうかんけいろん》に学《まな》ぶ心理療法入門《しんりりょうほうにゅうもん》
——こころを使《つか》った日常臨床《にちじょうりんしょう》のために

2015 年 3 月 30 日　第 1 刷発行
2021 年 4 月 10 日　第 3 刷発行

著　者　祖父江典人
発行者　柴田敏樹
印刷者　西澤道祐

発行所　株式会社　誠信書房
〒112-0012　東京都文京区大塚 3-20-6
電話　03 (3946) 5666
http://www.seishinshobo.co.jp/

印刷所／あづま堂印刷　製本所／協栄製本

ISBN978-4-414-40091-5 C3011　Printed in Japan